초등 고학년을 위한
독서활동 보고서쓰기 포트폴리오 만들기

독서활동 보고서 쓰기,
포트폴리오 만들기

1판 1쇄 발행 2010년 12월 20일

집필	강승임
기획	이봉순
편집	디박스
디자인	디박스
발행인	이연화
발행처	아주큰선물

주소	서울시 용산구 이촌동 한가람 Ⓐ 214-1002
대표전화	02-796-7411
대표팩스	02-796-7412
등록번호	106-09-23890

※ 이 교재를 무단 복사, 복제할 경우 법의 처벌을 받게 됩니다.

초등 고학년을 위한

독서활동 보고서쓰기 포트폴리오 만들기

강승임 저

아주큰선물

머리말

입학사정관제 대비,
우리 아이의 미래를 책임질 독서활동 스타트!

입학사정관제 시대를 맞아 독서가 중요하다는 말이 가장 많이 들립니다.
입학사정관제는 결과가 아닌 교육의 과정과 아이의 경험을 평가하여 선발하는 제도입니다. "자기 적성과 잠재력을 계발하면서 주도적으로 학교생활에 충실히 임하는" 학생을 선발하겠다는 것이지요. 따라서 아이가 미래에 하고 싶은 것, 되고 싶은 것을 미리미리 탐색하고 방향을 정해 조금씩 매진하면서 자기주도적으로 내신 관리도 하고, 다양하고 의미 있는 활동들을 한다면 가고 싶은 학교에 당당히 합격할 수 있습니다.

그런데 이렇게 열심히 공부도 하고 활동도 하면서 차근차근 준비해 왔다는 것을 설득력 있게 증명해야 합니다. 그래서 학교생활기록부를 비롯하여 자기소개서와 학업계획서, 독서활동서, 포트폴리오 등의 문서와 자료들을 잘 챙겨야 합니다. 그런 다음 마지막으로 심층 인터뷰가 있습니다.

이 모든 과정을 제대로 갖춰나가기 위해서는 기본적으로 "독서"가 바탕이 되어야 한다고 합니다. 예전에도 독서가 중요했지만, 지금은 그 어느 때보다 중요한 시대가 된 것이지요. 우리 아이들이 가고 싶어하는 국제중, 특목고, 명문대에서 모두 책을 잘 읽고 의미 있는 활동으로 연계 확장한 아이들을 선호

하기 때문입니다. 그냥 닥치는 대로 많이 읽는 것이 아니라 목적에 맞게 꾸준히 독서활동을 해 온 아이들이 자기주도적 학습능력이 뛰어나다고 판단되어 합격 가능성이 더욱 높아지는 것입니다.

 교과 공부를 할 때도 문제집이나 학원에 의존하기보다 스스로 관련 책을 찾아 읽으면서 내용을 보충하고 배경지식을 기른 아이들이 성적이 비록 낮다 하더라도 높은 평가를 받고 있습니다. 또 꿈을 찾고 그 꿈을 이루기 위한 구체적인 활동들을 계획할 때도 어떤 책을 읽고 영향을 받았는지를 의미 있게 평가합니다. 자신의 꿈을 책 속에서 찾고 다짐과 계획을 꼼꼼히 정리하여 하나씩 실천해 왔다는 것을 보고서나 포트폴리오 형태로 만들어 보여 준다면 그것 또한 합격할 수 있는 지름길이랍니다.

 그렇다면 이제부터는 우리 아이의 독서와 독서록 쓰기 등의 독서활동이 전과는 많이 달라야겠지요. 아무런 목적이나 동기 없이 책을 읽고 줄거리와 감상 위주의 뻔한 방법으로 정리할 것이 아니라 목적에 따라 책을 고르고 깊이 있게 읽은 뒤 생각을 발전시켜 체계적으로 정리해야 합니다.

 그 방법을 알려 드리기 위해 이 책을 쓰게 되었습니다. 공부를 잘하든 못하든, 책을 잘 읽든 못 읽든, 글을 잘 쓰든 못 쓰든 상관없이 모든 아이들이 평등하게 미래를 준비할 수 있도록 목적에 맞는 도서를 선택하여 직접 독서활동보고서를 쓰고, 창의적인 방법으로 독서 포트폴리오를 만들 수 있도록 예시글을 많이 실었습니다.

 누구나 자기 꿈을 찾고 잠재력을 개발하면서 꿈을 이룰 권리가 있습니다. 이 책이 그 꾸준한 과정을 성실히 수행하는 데 도움이 되길 바랍니다.

강승임

목차

1 이것이 바로 국제중, 특목고, 입학사정관제를 준비하는 독서활동 비법!

1장 이런 책을 읽어야 한다! 입학사정관제 대비 책 고르는 법

1 : 자기주도적 학습을 위한 교과 관련 책 … 15
2 : 꿈을 이루기 위한 길잡이 책 … 18
3 : 교양을 쌓기 위한 책 … 20
4 : 관심 분야 확장을 위한 책 … 22
5 : 여가 시간을 보내기 위한 책 … 23

2장 이렇게 읽어야 한다! 입학사정관제 대비 책 읽는 법

1 : 빠르고 정확하게 책 읽는 법 … 25
2 : 자기주도적 독서습관을 만드는 법 … 26
3 : 모르는 단어는 어떻게 하지? 어휘력 키우기 … 27
4 : 책 읽고 생각 발전시키기 1단계. 기본 내용 파악 … 28
5 : 책 읽고 생각 발전시키기 2단계. 숨어 있는 의미 찾기 … 29
6 : 책 읽고 생각 발전시키기 3단계. 뒤집어서 생각하기 … 30
7 : 책 읽고 생각 발전시키기 4단계. 자유로운 상상하기 … 31

3장 이렇게 정리해야 한다! 입학사정관제 대비 독서활동 정리법

1 : 이것에 체계적인 정리! 독서활동보고서의 기본 구성 ... 33
2 : 간단하게 요약할 수 있어야 한다! 줄거리 요약법 ... 34
3 : 결론에는 실천이 들어가야 한다! 결론과 감상 적는 법 ... 35
4 : 목적에 맞는 독서활동보고서 쓰는 법 ... 36
5 : 창의적인 독서 포트폴리오 만드는 법 ... 38

2 미래를 준비하는 자기주도형 독서활동보고서 쓰기!

1장 혼자서도 잘하는 공부, 자기주도학습을 보여 주는 독서활동보고서

1 : 국어 : 〈국어실력이 밥먹여준다〉〈주먹만한 내 똥〉 ... 46
2 : 수학 : 〈이야기 수학〉〈마법의 수학나라〉 ... 48
3 : 사회 : 〈어린이 경제 이야기〉〈얘들아, 역사로 가자〉 ... 50
4 : 과학 : 〈신비한 우주 이야기 30〉〈바다는 왜?〉 ... 52
5 : 영어 : 〈Big Fat Cat〉〈Gram Gram 영문법 원정대〉 ... 54

2장 꿈을 이루기 위해 앞으로~ 진로 선택을 보여 주는 독서활동보고서

1 : 외교관 : 〈바보처럼 공부하고 천재처럼 꿈꿔라〉 ... 58

2 : 만화영화감독 : 〈월트 디즈니〉		59
3 : 미술가 : 백남준, 창조를 꿈꾸는 호랑이		60
4 : 여성지도자 : 〈세상을 뒤흔든 여성들〉		61
5 : CEO : 〈유일한 이야기〉		62
6 : 패션 디자이너 : 〈코코 샤넬〉		63
7 : 우리 문화 지킴이 : 〈큰 소리꾼 박동진 이야기〉		64
8 : 미생물학자 : 〈전염병을 물리친 과학자 빠스뙤르〉		65
9 : 의료 봉사 : 〈세계의 보건 대통령 이종욱〉		66
10 : 피아니스트 : 〈세계를 무대로 내 꿈을 연주하고 싶어요〉		67
11 : 사회 활동가 : 〈오체 불만족〉		68
12 : 대통령 : 〈세계의 대통령〉		69
13 : 작가 : 〈조앤 롤링〉		70
14 : 발명가 : 〈장영실〉		71

3장 미쳐야 미친다! 관심 분야에 몰두한 독서활동보고서

1 : 발명 : 〈우연한 발견을 위대한 발명으로〉		74
2 : 봉사 : 〈지구 밖으로 행군하라〉		75
3 : 유전학 : 〈나는 어디에서 왔을까?〉		76
4 : 탐험 : 〈탐험가 난센〉		77
5 : 야구 : 〈야구 교과서〉		78
6 : 건축 : 〈숨 쉬는 도시 꾸리찌바〉		79
7 : 우주비행 : 〈화성인이 오고 있다〉		80
8 : 패션 : 〈민속학자 석주선의 우리 옷 나라〉		81
9 : 환경 : 〈우리가 살고 있는 지구 이야기〉		82
10 : 동물행동학 : 〈침팬지와 함께 한 내 인생〉		83

4장 나 자신을 돌아보다! 인상 깊게 읽은 책 독서활동보고서

1 : 세계명작 : 〈사랑의 학교1〉 86
2 : 철학우화 : 〈까마귀 알퐁스〉 87
3 : 외국창작 : 〈검은 여우〉 88
4 : 역사동화 : 〈마지막 왕자〉 89
5 : 국내창작 : 〈마당을 나온 암탉〉 90
6 : 인물이야기 : 〈천재 화가 이중섭과 아이들〉 91
7 : 외국창작 : 〈트리갭의 샘물〉 92
8 : 외국창작 : 〈0에서 10까지 사랑의 편지〉 93
9 : 세계명작 : 〈장발장〉 94
10 : 인성동화 : 〈왜 나를 미워해〉 95
11 : 교육동화 : 〈창가의 토토〉 96
12 : 우화 : 〈연어〉 97

5장 내 마음이 두 뼘 자랐어요! 교양을 쌓은 독서활동보고서

1 : 미술 : 〈야, 그림 속으로 들어가 보자〉 100
2 : 세계명작 : 〈세계우수단편모음〉 101
3 : 우리고전 : 〈명심보감〉 102
4 : 세계명작 : 〈걸리버 여행기〉 103
5 : 세계문화 : 〈어린이 이슬람 바로 알기〉 104
6 : 우리고전 : 〈만화와 함께 읽는 정약용의 편지〉 105
7 : 위인, 철학 : 〈공자〉 106
8 : 세계명작 : 〈돈키호테〉 107
9 : 서양신화 : 〈그리스 로마 신화〉 108

10	고전시 : 〈정민 선생님이 들려주는 한시 이야기〉	109
11	철학 : 〈소피의 세계1〉	110
12	자서전 : 〈어린이 백범일지〉	111

3 생각과 느낌이 가득한 33가지 독서 포트폴리오 만들기!

1	역할극 만들기 : 〈얼굴 빨개지는 아이〉	114
2	등장인물 비판하기 : 〈사자와 마녀와 옷장〉	115
3	주인공 인터뷰하기 : 〈못생긴 열매가 더 맛있단다〉	116
4	표지 만들기 : 〈나의 라임오렌지 나무〉	117
5	줄거리와 감상 쓰기 : 〈잘 가라 내 동생〉	118
6	등장인물 비교하기 : 〈샬롯의 거미줄〉	119
7	재판극으로 쓰기 : 〈사씨남정기〉	120
8	기억에 남는 구절과 감상 쓰기 : 〈연금술사〉	121
9	주인공에게 편지 쓰기 : 〈홍당무〉	122
10	만화로 그리기 : 〈순돌이 이야기〉	123
11	뒷이야기 쓰기 : 〈마녀를 잡아라〉	124
12	경험과 관련지어 쓰기 : 〈달려라 루디〉	125
13	독후시 쓰기 : 〈꼬마 토끼 조지의 언덕〉	126
14	중요한 소재 찾기 : 〈자전거 도둑〉	127

15 : 주인공 소개하기 : 〈꿈꾸는 요요〉		128
16 : 책 광고 만들기 : 〈행복지킴이 키퍼〉		129
17 : 게임 시나리오 쓰기 : 〈어린 왕자〉		130
18 : 인상적인 부분과 감상 쓰기 : 〈아버지의 눈물〉		131
19 : 지은이에게 편지 쓰기 : 〈안네의 일기〉		132
20 : 독서 퀴즈 내기 : 〈모네의 정원에서〉		133
21 : 주인공과 나 비교하기 : 〈난 두렵지 않아요〉		134
22 : 마인드맵 만들기 : 〈앙코르 사람들은 어떻게 살았을까?〉		135
23 : 배경 조사하기 : 〈마사코의 질문〉		136
24 : 내용 바꿔 쓰기 : 〈우리들의 일그러진 영웅〉		137
25 : 독후화 그리기 : 〈소나기〉		138
26 : 책 추천하기 : 〈문제아〉		139
27 : 캐릭터 만들기 : 〈라스무스와 방랑자〉		140
28 : 주인공 되어 보기 : 〈허클베리 핀의 모험〉		141
29 : 노래 가사 짓기 : 〈꽃들에게 희망을〉		142
30 : 기사 쓰기 : 〈아이들의 못말리는 서커스〉		143
31 : 포스터 그리기 : 〈우동 한 그릇〉		144
32 : 상장 만들기 : 〈아주 특별한 우리 형〉		145
33 : 결말 바꿔 쓰기 : 〈비밀의 숲 테라비시아〉		146

 입학사정관제를 준비하는 고학년을 위한 도서 리스트

제1부

이것이 바로 국제중·특목고· 입학사정관제를 준비하는 독서활동 비법!

독서와 독서록 쓰기 등의 독서활동이 국제중과 특목고를 비롯한 입학사정관제 대비의 가장 확실한 방법이라는 사실, 알고 있나요? 실제로 원하는 학교에 지원을 할 때 '인상 깊게 읽은 책'이나 '독서 활동' 또는 '꿈을 갖는 데 영향을 준 책'에 대해서 쓰라고 하지요. 그리고 면접을 할 때도 자신이 읽은 책에 대해 곧잘 질문을 한답니다.

따라서 고학년부터 자기주도형 독서활동을 시작해야 나중에 원하는 학교에 가려고 할 때 당황하지않고 자신감 있게 지원할 수 있습니다. 먼저 목적에 맞는 책을 선택하고, 깊이 생각하며 읽고, 다읽은 후 깔끔하게 정리하거나 창의적인 방법으로 독후활동을 해 보세요.

1장

이런 책을 읽어야 한다!
입학사정관제 대비
책 고르는 법

이제 단순히 책만 많이 읽어서는 안 됩니다. 목적을 갖고 계획에 따라 책을 읽어야 원하는 국제중, 특목고, 또 대학까지 갈 수 있습니다.

: 원칙 :
① 교과 관련 책 읽기
② 위인·인물전 읽기
③ 교양 도서 읽기
④ 관심 분야의 도서 읽기
⑤ 여가 활용 도서 읽기

1 자기주도적 학습을 위한 교과관련 책

자기주도적 학습 습관을 기르기 위해서는 교과 관련 책을 읽어야 합니다. 그러면 국어, 수학, 사회, 과학, 영어 등 각 과목의 내용을 더 잘 이해하고 좀 더 풍부한 지식을 쌓아 학교 공부를 잘 할 수 있어요. 교과 관련 책을 읽는 목적은 다음과 같습니다.

첫째, 배경지식을 쌓는 것,
둘째, 교과서보다 더 깊이 있는 내용을 아는 것,
셋째, 여러 문제에 적용해 볼 수 있는 응용력을 키우는 것입니다.

자기주도형 학습을 위한 책 고르기

국어

이런 책을 읽어요!

❶ 교과서에 나온 시, 소설, 수필 등 문학작품 원본 읽기
〈전쟁은 왜 일어날까?〉〈만화와 함께 읽는 정약용의 편지〉〈너도 하늘말나리야〉〈자전거 도둑〉〈장발장〉〈로빈슨 크루소〉〈마사코의 질문〉〈우리들의 일그러진 영웅〉 등

❷ 일기와 독서록, 편지글 관련 책 읽기
〈주먹만한 내 똥〉〈이오덕 글 이야기〉〈논술의 달인〉 등

❸ 국어사전 및 맞춤법 관련 책 읽기
〈국어실력이 밥먹여준다〉 시리즈, 〈보리국어사전〉 등

❹ 한글 발전이나 교육에 힘쓴 인물전 읽기
〈세종대왕〉〈주시경의 국어노트〉〈외솔 최현배의 한글사랑 이야기〉 등

수학

이런 책을 읽어요!

❶ 수학의 여러 개념을 이야기로 풀어 쓴 책 읽기
〈수학이 수군수군〉〈수학귀신〉〈판타지 수학대전〉 등

❷ 수학자의 일생을 다룬 인물전 읽기
〈수학을 놀이처럼 즐겨라 페르마〉〈수학의 열정을 닮아라 가우스〉〈수학의 힘으로 세상을 만나라 오일러〉 등

❸ 수학의 역사를 다룬 책 읽기
〈이야기 수학〉〈세상 밖으로 날아간 수학〉〈어린이를 위한 수학의 역사〉 시리즈 등

❹ 수학 원리가 실제 생활에 적용되어 풀이된 책 읽기
〈마법의 수학나라〉〈교과서 밖 기묘한 수학 이야기〉〈꼬물꼬물 수학 이야기〉 등

영어

이런 책을 읽어요!

❶ 자기 레벨에 맞는 스토리북 읽기 – 오디오 듣기와 병행
〈스토리북〉 시리즈, Scott Foresman Reading Street〉 시리즈 등

❷ 영어 문법이 쉽게 풀이된 책 읽기
〈Big Fat Cat〉 시리즈, 〈Gram Gram 영문법 원정대〉 시리즈 등

❸ 영어 성경이나 영어 전래동화같이 알고 있는 이야기가 영어로 된 책 읽기
〈Bible Reading 영어로 성경 읽기〉 시리즈, 〈영어 동화 100편〉 시리즈 등

❹ 영어 신문이나 잡지책 읽기
〈National Geography Kids〉〈Time for Kids〉〈Teen Times〉 등

사회 이런 책을 읽어요!

① 우리나라 지리와 세계 지리를 알 수 있는 지도책 읽기
〈동에 번쩍 서에 번쩍 우리나라 지리 이야기〉 〈한입에 꿀꺽 맛있는 세계 지리〉 〈재미있는 한국지리 이야기〉 등

② 문화와 문화재에 관한 책 읽기
〈우리문화 100〉 〈고고학 탐험대 세계 문화유산을 찾아라〉 〈김나미 아줌마가 들려주는 세계종교 이야기〉 등

③ 선거와 정치제도에 관한 책 읽기
〈어린이 시사마당 1. 정치〉 〈반장 선거 해보면 정치 · 법이 쉽다〉 〈반장 선거〉 등

④ 한국사 및 세계사 관련 책 읽기
〈한국사 편지 1~5〉 〈아틀라스 세계사〉 〈가로세로 세계사 1~3〉 〈얘들아, 역사로 가자〉 등

⑤ 경제와 돈에 관해 알 수 있는 책 읽기
〈어린이 경제 이야기〉 〈어린이 경제원론〉 등

과학 이런 책을 읽어요!

① 과학 지식이나 원리가 이야기로 되어 있는 책 읽기
〈역사를 바꾼 톡톡 과학 이야기〉 〈과학은 공식이 아니라 이야기란다〉 등

② 사진과 그림 자료가 풍부하고 세분화된 주제의 과학전문도서 읽기
〈선생님도 놀란 초등과학 뒤집기〉, 시리즈 〈WHY?〉 시리즈, 〈열려라 거미나라〉 등

③ 과학자와 발명가 등의 인물전 읽기
〈갈릴레이〉 〈뉴턴〉 〈찰스 다윈〉 〈퀴리부인〉 〈하늘의 법칙을 찾아낸 조선의 과학자들〉 등

④ 과학의 역사와 발명품 이야기 읽기
〈우연한 발견을 위대한 발명으로〉 〈교양있는 우리 아이를 위한 과학사 이야기 1~5〉 등

꿈을 이루기 위한 길잡이 책

꿈이 있고 목표가 분명한 어린이라야 원하는 학교에 입학할 수 있습니다. 이를 위해 위인들의 이야기를 읽고 역할 모델을 찾아 계획을 세운 뒤 하나씩 실천을 해 보세요. 위인전이나 인물전을 읽는 목적은 다음과 같습니다.

첫째, 자신의 미래 꿈을 찾는 것,
둘째, 꿈을 이루기 위해 어떤 마음가짐을 가져야 하는지 아는 것,
셋째, 그 분야에 대한 정보와 지식을 아는 것,
넷째, 그 꿈을 이루기 위한 구체적인 계획을 세워 보는 것입니다.

꿈을 이루기 위한 책 고르기

옛날 위인 이야기

이런 책을 읽어요!

❶ 우리나라 역사를 빛낸 위인에 대해 각 분야별로 읽기
세종대왕(정치), 원효(종교인), 정약용(학자), 김홍도(화가), 김구(독립운동가), 안창호(교육가) 등

❷ 세계 역사를 빛낸 위인 이야기 읽기
(여러 나라와 민족의 위인들이 고루 선정돼야 해요.)
링컨(정치), 빠스뙤르(과학자), 소크라테스(사상가), 베토벤(음악가), 셰익스피어(작가), 미켈란젤로(화가), 페스탈로치(교육가), 콜럼버스(탐험가) 등

현대 인물 이야기

이런 책을 읽어요!

① 평소 관심 있는 분야의 대표 인물전 읽기
② 현대 역사(1900년대 이후)를 빛낸 분야별 인물 이야기 읽기

정치인 : 반기문, 벤저민 프랭클린, 김대중, 넬슨 만델라, 마거릿 대처, 마오쩌둥 등

경제인 : 빌 게이츠, 스티브 잡스, 록펠러, 유누스, 유일한 등

법조인(판사, 변호사 등) : 이태영, 조영래 등

학자 : 신채호, 헨리 데이비드 소로, 프로이트, 막스 베버, 애덤 스미스 등

의사 : 슈바이처, 장기려, 이종욱 등

작가 : 조앤 롤링, 윤동주, 이육사, 신동엽, 톨스토이 등

예술인 : 이중섭, 박수근, 김기창, 피카소, 앤디 워홀, 백남준 등

탐험가 : 난센, 아문센, 제임스 쿡, 리빙스턴 등

건축가 : 안토니 가우디, 김수근 등

음악가 : 비틀즈, 정명훈, 박동진, 김순남, 윤이상 등

과학자·발명가 : 아인슈타인, 스티븐 호킹, 파브르, 우장춘, 석주명, 원병오, 에디슨, 루이 브라유 등

종교인 : 마틴 루터 킹, 간디, 한용운, 마더 테레사, 달라이 라마, 문익환 등

사회 운동가 : 엘리너 루스벨트, 박원순, 원경선, 방정환, 전태일, 장준하, 헬렌 켈러 등

스포츠 및 무용 : 베이브 루스, 이사도라 덩컨, 축구 황자 펠레, 타이거 우즈 등

대중예술 : 스티븐 스필버그(영화), 월트 디즈니(만화), 오프라 윈프리(방송), 찰리 채플린(영화) 등

교양을 쌓기 위한 책

교양이란 인간이 정신적으로 풍요롭고 인간답게 살기 위해 갖추어야 하는 지식과 품위를 말합니다. 교양이 잘 갖춰져야 바른 인성을 키워나갈 수 있고, 어떤 어려움도 끈기 있게 헤쳐나갈 수 있으며 창의적인 사람이 될 수 있습니다. 교양 도서를 읽는 목적은 다음과 같습니다.

첫째, 지식과 덕을 기르는 것,
둘째, 창의적인 문제해결 능력을 갖추는 것,
셋째, 다른 사람을 이해하고 배려하는 마음을 기르는 것입니다.

🍊 교양을 쌓기 위한 책 고르기

세계명작

이런 책을 읽어요!

❶ 어려움을 극복하는 불굴의 의지를 가진 주인공의 이야기 읽기
〈로빈슨 크루소〉〈80일간의 세계 일주〉〈노인과 바다〉〈15소년 표류기〉 등

❷ 사회를 비판하고 바로 볼 수 있는 안목을 갖게 하는 이야기 읽기
〈걸리버 여행기〉〈돈키호테〉〈톰 아저씨의 오두막집〉〈동물농장〉〈올리버 트위스트〉 등

❸ 화합과 평화의 주제를 전하는 이야기 읽기
〈동물 회의〉〈사랑의 학교〉〈안네의 일기〉〈크리스마스 캐럴〉 등

❹ 인간의 본성에 대해 반성할 수 있는 계기를 만들어주는 책 읽기
〈장발장〉〈목걸이〉〈탈무드〉〈지킬 박사와 하이드〉〈어린 왕자〉〈사람은 무엇으로 사는가〉 등

철학

이런 책을 읽어요!

① 인류의 5대 성인의 일대기를 다룬 책 읽기
   소크라테스, 부처, 공자, 예수, 무함마드

② 공자의 〈논어〉와 플라톤의 〈대화〉를 쉽게 풀어 쓴 책 읽기
   〈만화 논어〉〈논어와 친구 되기〉〈노마의 발견 어린이 동양철학 1. 공자 가라사대〉〈만화 플라톤 국가〉〈소크라테스와 꼬마 플라톤의 이야기 철학〉〈플라톤이 들려 주는 이데아 이야기〉 등

③ 사상가, 철학자의 위인전 읽기
   〈철학자가 들려주는 철학 이야기〉 시리즈, 〈이황〉〈이이〉〈정약용〉 등

④ 철학적인 사고 방법이나 논리적인 사고 방법을 알려 주는 책 읽기
   〈반갑다 논리야〉〈논리야 놀자〉〈논리야 철학과 놀자〉〈얼룩소도 철학자가 될 수 있을까〉〈그런데 철학이 뭐예요〉 등

역사

이런 책을 읽어요!

① 우리나라의 역사를 시대 순으로 쓴 책 읽기
   〈삼국사기〉, 〈한권으로 풀어쓴 이야기 조선왕조 오백년사〉, 〈한국사 편지 1~5〉 등

② 우리나라 역사를 주제별로 묶은 책 읽기
   〈WHY 한국사 : 상도와 경제〉〈우리 옛 그림의 수수께끼〉〈하루에 돌아보는 우리 궁궐〉〈한국 과학사 이야기〉 등

③ 서양 역사를 시대 순으로 쓴 책 읽기
   〈세상에서 가장 재미있는 세계사 1~3〉〈한권으로 풀어쓴 이야기 미국사〉 등

④ 동양 역사를 시대 순으로 쓴 책 읽기
   〈한권으로 풀어쓴 이야기 중국사〉〈한권으로 읽는 인도사〉〈어린이 이슬람 바로 알기〉 등

관심 분야 확장을 위한 책

학년이 올라가면서 학교에서 배우지 않는 것들에 관심을 갖게 됩니다. TV나 인터넷, 주변 사람들의 말을 통해 새로운 것에 흥미를 갖게 되고 알고 싶고 도전해 보고 싶은 마음이 일지요. 이럴 때 관련 책을 읽으면 큰 도움을 받을 수 있습니다. 이러한 책을 읽는 목적은 다음과 같습니다.

첫째, 관심 분야에 대한 정확한 지식을 쌓는 것,
둘째, 관심 분야에 대한 흥미를 이어나가는 것,
셋째, 어린이 전문가가 되어 미래를 준비하는 것입니다.

관심 분야 확장을 위한 책 고르기

이런 책을 읽어요!

❶ 관심 분야를 소개한 책, 더 깊이 있는 지식을 전달하는 책 읽기
〈숨 쉬는 도시 꾸리찌바〉〈초등학생이 꼭 알아야 할 집과 건축 이야기 33가지〉〈지도 밖으로 행군하라〉〈야구 교과서〉〈나는 어디에서 왔을까?〉〈화성인이 오고 있다〉〈우리가 살고 있는 지구 이야기〉〈레디 액션 우리같이 영화 찍자〉 등

❷ 관심 분야와 관련된 잡지 읽기
〈어린이 과학동아〉〈과학쟁이〉〈과학소년〉〈내셔널 지오그래피〉 등

❸ 관심 분야를 소개한 신문기사 스크랩하고 읽기

❹ 관심 분야의 역사나 인물을 다룬 책 읽기
〈코코 샤넬〉〈석주선〉〈건축물에 얽힌 12가지 살아 있는 역사 이야기〉〈침팬지와 함께 한 내 인생〉〈파브르 곤충기〉〈시튼 동물기〉 등

5 여가 시간을 보내기 위한 책

할 일이 없어 멍하게 있거나 쓸데없이 TV를 보거나 인터넷을 했던 경험이 있을 거예요. 이렇게 시간이 날 때 그 동안 읽지 못했던 책을 읽어 봅니다. 이를 위해서는 항상 여가 시간에 어떤 책을 읽을지 미리 목록을 만들어 놓으면 좋습니다. 여가 시간에 책을 읽는 목적은 다음과 같습니다.

첫째, 독서의 참맛을 느끼는 것,
둘째, 스트레스를 풀고 정서적인 안정을 갖는 것,
셋째, 새로운 관심 분야를 개척하는 것입니다.

여가 시간을 보내기 위한 책 고르기

이런 책을 읽어요!
① 학교나 교육청에서 선정한 추천도서 읽기
② 친구들이나 선생님이 추천한 책 읽기
③ 요즘 인기 있는 책(베스트셀러) 읽기
④ 평소 좋아하던 작가가 쓴 다른 작품 읽기

〈마당을 나온 암탉〉 〈야, 그림 속으로 들어가 보자〉 〈옛날 사람들은 어떻게 살았을까?〉 〈트리갭의 샘물〉 〈라스무스와 방랑자〉 〈키퍼 스토리〉 〈달려라 루디〉 〈샬롯의 거미줄〉 〈마녀를 잡아라〉 〈아주 특별한 우리 형〉 〈비밀의 숲 테라비시아〉 〈사자와 마녀와 옷장〉 〈존 아저씨의 꿈의 목록〉 〈거짓말 학교〉 〈책만 보는 바보〉 〈윔피 키드〉 〈해리포터〉 시리즈 등

2장
이렇게 읽어야 한다!
입학사정관제 대비
책 읽는 법

책 선택과 더불어 잘 읽는 것도 매우 중요합니다. 단순히 기본 내용만 아는 것이 아니라 읽은 후 풍부한 감상과 비판적인 생각, 창의적인 생각, 그리고 앞으로의 활동 계획 등을 모두 떠올려 보아야 합니다.

: 원칙 :
① 빠르고 정확하게 읽기
② 자기주도적으로 읽기
③ 어휘 추론하며 읽기
④ 생각 발전시키며 읽기
　(기본 내용 파악 → 추론 → 비판 → 자유로운 상장)

1 빠르고 정확하게 책 읽는 법

이제 마음을 잡고 책을 읽으려고 하는데 읽을 시간이 없다면 어떻게 해야 할까요? 바로 빨리 읽는 것입니다. 그렇다고 대충 읽어서는 안 되고 정확하게 읽어야 해요. 이를 위해서는 다음의 순서를 따라 읽는 것이 매우 중요합니다.

---

1 : 제목 읽기 : 제목을 보고 무엇에 대한 책인지 생각해 봅니다.

2 : 저자 소개 읽기 : 저자 소개를 읽고 책에 대한 친근감을 기르고 어떤 종류의 책인지 짐작해 봅니다.

3 : 머리말 읽기 : 머리말이나 표지에 나온 글을 읽고 글의 주제, 목적, 동기 등을 찾아 봅니다.

4 : 소제목 읽기 : 목차를 확인한 뒤 해당 내용의 첫 부분과 마지막 부분을 읽어 중심 내용을 찾습니다.

5 : 지은이의 생각이 잘 드러난 부분 읽기 : 중심 내용 중에서 지은이가 특별히 강조하는 부분을 찾아 집중하여 읽습니다.

6 : 요약하기 : 글 전체의 내용을 요약한 뒤 다시 한 번 되새깁니다.

자기주도적 독서 습관을 기르는 법

자기주도적으로 책을 읽어야 정리도 잘할 수 있고 자신있게 책에 대해 말할 수 있습니다. 이제부터 다음의 방법으로 책을 읽어 보세요.

:: **뜻을 헤아리며 읽기**
단어의 뜻을 생각하며 읽습니다.

:: **질문하며 읽기**
책을 읽으면서 글의 내용과 연관된 질문을 스스로 만들어 그에 대한 답을 찾으며 읽습니다.

:: **숨어 있는 뜻 추론하며 읽기**
지은이의 생각이 무엇인지 책에 나온 정보와 이야기를 바탕으로 추론합니다.

:: **메모하며 읽기**
중요한 내용을 메모하거나 밑줄을 긋거나 표로 만들어 정리합니다.

:: **목적에 따른 방법 선택하기**
목적에 따라 독서의 방법을 다르게 합니다. 학습을 위해서는 필요한 내용을 찾아 그 부분만 중점적으로 읽고, 교양을 쌓기 위해서는 주제를 파악하고 비판적로 읽으며, 여가를 목적으로 할 때는 마음 편하게 천천히 읽습니다.

:: **배경지식 활용하기**
배경지식을 적용하여 내용을 이해해 봅니다.

:: **꾸준히 읽기**
고학년부터는 적어도 일주일에 1권 200쪽 내외의 책을 꾸준히 읽도록 합니다.

3. 모르는 단어는 어떻게 하지? 어휘력 키우기

어휘력이 풍부해야 책의 내용을 제대로 이해할 수 있습니다. 모르는 어휘를 하나씩 알아가면서 깊이 있는 독서를 해 보세요.

:: 문장부호를 통해 파악하기
큰따옴표, 작은따옴표, 괄호, 쉼표, 줄표 등의 문장부호는 낱말의 뜻을 암시해 줍니다. 예를 들어 괄호 안에 있는 내용, 줄표 다음에 나오는 내용은 앞 단어를 부연 설명합니다.

:: 그림을 통해 파악하기
모르는 단어 주위에 있는 그림, 도표, 사진 등을 살펴보면 어떤 뜻인지 알 수 있습니다.

:: 문맥을 통해 파악하기
모르는 단어 주변에 있는 단어들은 그 단어와 비슷한 말, 반대말, 예시 등일 수 있습니다.

:: 한자의 뜻을 활용하여 파악하기
우리말은 50% 이상이 한자어이므로 한자의 뜻을 활용하면 도움이 됩니다. 예를 들어 '모천'이라는 말에서 '모'는 '어머니'라는 뜻이고, '천'은 '내'라는 뜻이므로 '모천'은 처음 태어나 지냈던 강(시내)이라는 뜻임을 알 수 있습니다.

:: 국어사전 활용하기
여러 가지 방법을 활용했는데도 뜻을 잘 모르면 마지막으로 국어사전을 찾아봅니다. 이때 국어사전에 나온 여러 뜻 중에서 글의 내용에 가장 적합한 뜻을 선택하여 이해해야 합니다.

책 읽고 생각 발전시키기
1단계. 기본 내용 파악

책을 읽고, "무슨 내용이야?"라는 질문에 쉽게 답하지 못했던 적이 있나요? 분명 재미있게 읽었는데도 줄거리를 말할 때 말문이 막힌다면 기본 내용이 제대로 파악되지 않은 것입니다. 그러면 그 책을 읽었다고 아무도 믿어 주지 않을 거예요. 책의 기본 내용을 파악하는 방법은 다음과 같습니다.

:: **책에 대한 정보 찾기**
지은이, 옮긴이, 그린이, 출판사, 펴낸 날 등을 알아봅니다.

:: **주인공과 등장인물 정리하기**
주인공은 누구이며 그와 관계를 맺는 등장인물들을 찾아 특성(생김새, 성격, 행동방식)을 정리합니다.

:: **배경 파악하기**
이야기가 일어나는 때와 장소를 찾아봅니다.

:: **중심 사건 정리하기**
각 장의 중심 사건을 찾아 책에 나온 그대로 간단히 정리합니다.

:: **중심 소재 찾기**
자주 나오는 물건이나 소재는 무엇인지 찾아봅니다.

:: **등장인물의 대화 정리하기**
등장인물들이 주고받은 말 중에 중심 사건과 관련된 말을 찾아봅니다.

:: **지은이의 생각 찾기**
지은이가 직접적으로 자신의 생각이나 의견을 말한 대목이 있다면 찾아서 정리합니다.

책 읽고 생각 발전시키기
2단계. 숨어 있는 의미찾기

책의 기본 내용을 모두 파악했다면 지은이가 하고 싶은 말이 무엇인지 추론해 보아야 해요. 주제는 무엇이고, 등장인물들이 그런 행동과 말을 한 까닭은 무엇인지 숨은 뜻을 이해하여 봅니다. 숨어 있는 의미를 찾기 위해 책의 내용을 분석하고 비교하는 질문을 해 보세요. 그 방법은 다음과 같습니다.

:: **글의 소재와 관련한 배경지식 활용하기**
전에 비슷한 종류의 책이나 비슷한 주제의 책, 비슷한 소재의 책을 읽은 적이 있다면 그 내용을 적극적으로 활용하여 책의 내용을 이해해 봅니다.

:: **글 속에 분명히 드러나지 않은 중심 내용이나 주제 파악하기**
지은이가 이 책을 통해 독자에게 말하고자 하는 바는 무엇이며, 그것을 어떤 대목을 통해 알 수 있는지 찾아봅니다.

:: **등장인물의 성격을 추론하기**
각 등장인물들이 하는 말과 행동의 이유를 분석하여 숨은 뜻을 생각해 봅니다.

:: **글을 쓰게 된 동기나 목적 파악하기**
지은이가 왜 이 책을 썼고, 이 책을 통해 독자들에게 어떤 생각을 갖게 하고 싶은지, 또 독자들의 어떤 생각을 바꾸고 싶어 하는지 생각해 봅니다.

책 읽고 생각 발전시키기
3단계. 뒤집어서 생각하기

책의 기본 내용을 알고 주제나 이유, 숨은 뜻까지 찾아내었다면 이번엔 비판적인 관점에서 뒤집어서 생각해 봅니다. 책을 비판적으로 이해한다는 것은 쉬운 일이 아닙니다. 비판적 이해를 위해서 책에 대해 판단하고 평가하는 질문을 해 보세요.

:: **글의 의도와 목적을 판단하기**
  이 책을 쓴 이유와 목적이 납득이 되는지 판단해 봅니다.

:: **글의 주제나 목적에 비추어 내용이 타당한지 따져 보기**
  내용이 정확한지, 내용이 객관적인지, 내용이 적절하고 공정한지 따져 봅니다. 한쪽으로 치우치거나 편견이 들어 있으면 비판할 수 있습니다.

:: **사회 풍습과 관습, 건전한 상식, 도덕, 아름다움의 기준 등에 비추어 내용이 타당한지 따져보기**
  우리 사회의 기본적인 상식과 사람들의 공통된 가치관에 비추어 대립하는 점은 없는지 따져 봅니다. 만약 있다면 어느 쪽이 더 문제가 되는지 판단해 봅니다.

:: **글의 주제나 내용을 담은 표현이 적절한지 검토하기**
  어휘가 내용을 잘 표현하고 있는지, 대화가 적절한지, 비유가 적절한지 검토해 봅니다. 과장되거나 왜곡된 표현, 엉뚱한 표현은 비판거리가 됩니다.

책읽고 생각 발전시키기
4단계. 자유로운 상상하기

마지막으로 해야 하는 것은 자유로운 상상입니다. 책에서 조금 떨어져서 맘껏 자신의 생각을 펼쳐 보는 것입니다. 글의 내용이나 주제에서 다양한 것을 떠올려 참신한 생각을 해 보세요. 그런 다음 나만의 창의적인 창작물을 만든다면 최고의 독서활동 포트폴리오를 만들 수 있습니다.

:: **등장인물과 나를 비교하기**
　등장인물의 생김새, 성격, 재능 등을 나의 경우와 비교해 봅니다.

:: **결말을 비틀어 보기**
　결말을 바꿔서 생각해 봅니다.

:: **그 후의 이야기를 상상하여 보기**
　뒷이야기를 상상해 봅니다. 주인공이 새로운 문제를 만나 해결하는 과정을 지어 보거나, 새로운 등장인물을 등장시켜 새로운 사건을 만들어 봅니다.

:: **인물들의 성격을 바꿔서 다른 내용으로 생각해 보기**
　등장인물의 성격을 정반대로 바꿔서 다른 주제를 담은 내용을 지어 봅니다.

:: **책을 읽은 후의 감상을 다른 방식으로 표현해 보기**
　노래나 시, 희곡 등으로 창의적으로 표현해 봅니다.

3장
이렇게 정리해야 한다!
입학사정관제 대비 독서활동 정리법

저학년 때까지는 책을 읽은 뒤 독후감을 쓰거나 간단히 독서록 쓰기를 했을 거예요. 이젠 여기서 나아가 좀 더 체계적으로 정리하고 창의적인 방법으로 표현해야 합니다. 목적에 맞게 독서활동보고서를 쓰고 다양한 방법으로 독서 포트폴리오를 만들어 보세요.

: 원칙 :
① 읽게 된 동기와 목적 쓰기
② 책의 내용 간단하게 정리하기
③ 감상, 비판할 점, 앞으로의 계획 등 쓰기
④ 다양한 형식으로 표현해 보기

1. 이것이 체계적인 정리! 독서활동보고서의 기본 구성

독서활동보고서를 쓸 때는 한눈에 알기 쉽게 쓰는 것이 좋습니다. 누가 보더라도 무엇에 대해 썼는지 알 수 있도록 말이에요. 그러기 위해서는 글 한 편을 통째로 쓰기보다 내용을 구분하여 표처럼 만들어 쓰는 것이 도움이 됩니다.

:: **책에 대한 기본 정보**
책이름, 지은이, 출판사, 읽은 날, 쪽수, 분야 등 책에 대한 기본 정보를 씁니다.

:: **책을 읽게 된 동기 및 목적 쓰기** ★★
어떤 계기로 책을 읽었는지, 책을 통해 얻고자 하는 것은 무엇인지 등 동기와 목적을 간단히 정리합니다.

:: **책의 내용 쓰기**
책의 기본적인 내용을 쓰는데 3~7줄 정도로 간단히 요약합니다. 모든 내용이 다 들어갈 필요는 없고 동기와 목적에 비추어 해당되는 내용만 정리합니다.

:: **책을 읽고 난 후의 결론 쓰기** ★★
느낀 점, 생각한 점, 더 알고 싶은 점, 교훈, 다짐 등 읽기 전과 비교하여 생각이나 느낌이 달라진 점을 씁니다. 또 책과 관련된 활동 계획도 적어 봅니다.

간단하게 요약할 수 있어야 한다! 줄거리 요약법

어떤 내용의 책인지 글이나 말로 매우 간단히 정리할 수 있어야 해요. 줄거리를 요약할 때는 본래 내용을 그대로 베끼는 것이 아니라 지은이가 하고 싶은 말을 짧고 쉽게 다시 정리합니다. 줄거리를 요약하는 순서는 다음과 같습니다.

1 : 중심 문장 찾기
글을 읽으면서 중심 정보가 들어간 문장을 찾아 밑줄을 긋습니다.

2 : 중심 내용 파악하기
중심 문장을 통해 그 문단, 또는 그 장의 중심 내용을 파악합니다.

3 : 중심 내용과 세부 내용 구분하기
중심 내용을 바탕으로 그것을 설명하거나 보여 주는 세부 내용을 찾습니다. 그러면 글의 내용을 더욱 잘 기억할 수 있습니다.

4 : 마인드맵 그리기
책의 중심 내용을 3~5가지로 나누어 각각 관련 내용을 단계별로 연결하여 마인드맵을 그려 봅니다.

5 : 글 전체의 내용 요약하기
마인드맵을 바탕으로 줄거리를 요약해 봅니다. 이때 줄거리의 분량에 따라 핵심적인 내용만 간추립니다.

결론에는 실천이 들어가야 한다! 여러 가지 결론 쓰는 법

책을 읽고 난 후 감상을 적을 때 보통 느낀 점이나 생각한 점을 씁니다. 독서활동보고서에는 막연한 감상보다는 구체적인 내용을 적는 것이 좋습니다. 앞으로 어떤 계획을 세워 어떻게 실천할지 의지를 보여 주는 것도 중요합니다.

:: 느낀 점 및 반성할 점 쓰기
책을 읽으면서 갖게 된 감정의 변화를 쓰거나 반성할 점을 씁니다.

:: 교훈 쓰기
책을 읽고 어떤 교훈을 얻었는지 씁니다.

:: 비판할 점 쓰기
주인공이나 등장인물의 행동 중에서 비판할 점을 쓰고, 무엇이 문제인지 지적합니다. 또 책에 비추어 우리 사회나 인간에 대해 여러 가지 면에서 판단해 봅니다.

:: 새로 알게 된 점 쓰기
책을 읽고 새로 알게 된 지식에 대해 씁니다.

:: 더 알고 싶은 점 쓰기
독서를 하면서 해결되지 않은 궁금증은 무엇이고 다음 번 독서에서 어떤 내용을 더 알고 싶은지 씁니다.

:: 다짐 쓰기
책을 읽은 후 나의 생각이나 행동, 성격, 의지 등을 어떻게 바꿀 것인지 다짐을 씁니다.

:: 앞으로의 계획 쓰기
책의 소재나 주제와 관련하여 구체적으로 어떤 활동을 계획하였는지 씁니다.

목적에 맞는 독서활동 보고서 쓰는 법

독서활동보고서는 목적에 따라 들어가는 내용이 조금씩 달라요. 구체적으로 어떤 내용이 들어가야 하는지 알아봅니다.

교과 관련 책을 통한 학습을 위한 독서

① 관련 교과목 이름 쓰기
② 동기 및 책 내용 소개 : 책을 읽은 동기와 내용을 간단히 소개합니다.
③ 새로 알게 된 지식 : 교과서에서 배우지 않은 내용이나 더 심화된 내용 등 새로 알게 된 지식을 체계적으로 정리합니다.
④ 더 알고 싶은 점 : 앞으로 더 알고 싶고 배우고 싶은 내용, 탐구하고 싶은 내용에 대해 써 봅니다.

위인전·인물전을 통한 롤 모델을 찾는 독서

① 나의 꿈 쓰기
② 인물 소개 : 하고 있는 일과 업적 중심으로 인물을 소개합니다.
③ 기억에 남는 부분 : 그 인물이 겪은 일 중 기억에 남는 부분을 간단히 정리합니다.
④ 꿈을 이루기 위한 나의 다짐 : 그 인물과 비교하여 볼 때 자신은 앞으로 어떤 자질을 갖추어야 할지 다짐을 씁니다.

관심 분야에 대해 알기 위한 독서

❶ 나의 관심 분야 쓰기
❷ 알고 싶은 점 : 책을 통해 무엇을 알고 싶은지 질문으로 만들어 구체적으로 씁니다.
❸ 알게 된 점 : 질문의 답을 핵심만 간단히 정리합니다.
❹ 앞으로의 활동 계획 : 생활 속에서 구체적으로 실천할 점, 앞으로 도전해 보고 싶은 것 등을 씁니다.

교양을 쌓기 위한 독서

❶ 책의 종류(분류) 쓰기
❷ 책 내용 요약 : 주요 사건 중심으로 책 내용을 간단히 요약합니다.
❸ 교양 넓히기 : 책이나 지은이에 대해 알게 된 점, 지은이가 말하고자 하는 바를 분석하여 써 봅니다.
❹ 비판적으로 생각하기 : 책의 주제나 지은이의 가치관 중 하나를 골라 판단하여 봅니다.

여가를 즐기기 위한 독서

❶ 책의 종류(분류) 쓰기
❷ 책 내용 요약 : 주요 사건 중심으로 책 내용을 간단히 요약합니다.
❸ 인상적인 부분 및 기억에 남는 구절 : 메모를 바탕으로 인상적인 부분을 두세 장면으로 나누어 일이 일어난 순서대로 요약합니다.
❹ 생각과 느낌 : 그 부분 및 구절에 대해 어떻게 생각하는지, 등장인물의 행동이나 말 등을 나의 경우와 견주어 써 봅니다.

창의적인 독서 포트폴리오 만드는 법

  자신의 꿈과 목표를 달성하기 위해 책을 읽었을 때는 독서활동보고서로 정리해 보고, 그 외 평소의 독서 능력과 창의력, 잠재력 등을 보여 주기 위해서는 다양한 방법으로 독서포트폴리오를 만들어 보세요. 여러 가지 형식으로 표현해 보면 독서활동까지 즐거워질 거예요.

:: 줄거리와 감상 쓰기
  7~10줄 정도로 내용을 요약하고, 5~7줄 정도로 감상을 씁니다.

:: 인상적인 부분과 감상 쓰기
  인상적인 장면을 간단히 요약하고, 그에 대한 감상을 덧붙입니다.

:: 기억에 남는 구절과 감상 쓰기
  기억에 남는 구절을 그대로 옮겨 적고 그에 대한 생각을 덧붙입니다.

:: 주인공 소개하기
  주인공의 생김새, 성격, 재능, 특성, 가정환경 등을 소개합니다.

:: 등장인물 비교하기
  책 속의 두 인물을 골라 생김새와 성격, 행동 방식 등을 비교합니다.

:: 주인공 및 등장인물 비판하기
  문제 행동이나 성격을 보인 등장인물을 골라 잘못된 점을 지적합니다.

:: **중요한 소재나 물건 찾아 정리하기**
　중심내용과 관련이 깊은 소재, 등장인물의 성격을 보여 주는 소재, 앞으로의 사건을 암시하는 소재 등을 찾아 어떤 의미인지 씁니다.

:: **이야기의 배경 조사하기**
　이야기가 언제, 어디에서 일어났는지 조사하여 씁니다.

:: **주인공에게 편지쓰기**
　주인공에게 하고 싶은 말, 안부 인사 등을 담아 편지를 써 봅니다.

:: **지은이에게 편지쓰기**
　책을 쓴 지은이에게 하고 싶은 말, 묻고 싶은 질문, 부탁하고 싶은 점 등을 써 봅니다.

:: **주인공과 나 비교하기**
　주인공과 나를 생김새, 성격, 행동 방식 등을 기준으로 비교해 봅니다.

:: **경험과 관련지어 쓰기**
　책 속의 사건 중에서 나에게도 있었던 일을 연관 지어 써 봅니다.

:: **책 추천하기**
　이 책의 좋은 점, 꼭 읽어야 하는 이유, 추천 대상 등을 써 봅니다.

:: **독후시 짓기**
　책을 읽고 떠오르는 영감을 소재로 시를 지어 봅니다.

:: **노랫말 만들기**
　책의 내용이나 책에 대한 감상을 노래 가사로 표현해 봅니다.

:: **등장인물 인터뷰하기**
　주인공이나 등장인물에게 궁금했던 점을 묻고 답도 직접 써 봅니다.

:: **기사로 써 보기**
책 속 중심 사건이나 특이한 사건을 기사 형식으로 써 봅니다.

:: **뒷이야기 상상하기**
주인공이 그 후 어떤 일을 겪게 될지 상상하여 써 봅니다.

:: **책 광고 만들기**
책의 이미지들을 활용하여 책을 홍보하는 광고를 만들어 봅니다.

:: **만화 그리기**
주인공이 겪은 일 중 흥미 있는 사건을 4컷이나 8컷으로 그려 봅니다.

:: **캐릭터 만들기**
등장인물을 재미있는 캐릭터로 그려서 성격과 특징을 적어 봅니다.

:: **표지 만들기**
책의 표지를 새롭게 만듭니다. 그림을 바꾸고 제목도 꾸며 봅니다.

:: **내용 바꿔 쓰기**
주인공의 성격이나 특징을 바꾸어 책의 내용을 다르게 써 봅니다.

:: **역할극 만들기**
등장인물들의 대화를 중심으로 역할극을 만들어 실제로 해 봅니다.

:: **독서퀴즈 만들기**
책에 나온 기본 지식이나 정보를 묻는 퀴즈를 내 봅니다.

:: **마인드맵 만들기**
책의 제목이나 중심 낱말에서 연상되는 내용들을 연결지어 봅니다.

:: **재판극으로 쓰기**
등장인물 중 비판할 만한 인물을 골라 그의 잘못을 재판하는 형식으로 써 봅니다.

:: **게임 시나리오 쓰기**
책 내용을 새롭게 각색하여 게임으로 만들어 봅니다. 게임 방법과 전체적인 이야기 구조를 모두 정리합니다.

:: **포스터 그리기**
책의 교훈을 표어로 만들어 포스터를 그려 봅니다.

:: **상장 만들기**
등장인물의 행동이나 태도 등을 칭찬하거나 더 노력하라고 격려하는 상장을 만듭니다.

:: **결말 바꿔 쓰기**
책의 마지막 부분을 다른 내용으로 바꿔 봅니다.

:: **주인공 되어 보기**
주인공이 된다면 어떤 장면에서 어떻게 행동할지 써 봅니다.

:: **독후화 그리기**
책을 읽고 난 후의 감상을 자유롭게 그림으로 표현해 봅니다.

제2부

미래를 준비하는 자기주도형 독서활동보고서 쓰기!

앞에서 국제중과 특목고, 그리고 입학사정관제를 준비하기 위해서는 어떤 책을 읽고 어떻게 정리해야 하는지 알아보았을 것입니다. 그러면 이제 실제로 앞에서 말한 방법대로 작성한 독서활동보고서를 읽어볼 차례입니다. 여기 실린 독서활동보고서를 보면 모두 한눈에 보기 쉽게 깔끔하게 정리되어 있을 거예요. 그래서 독후감 쓰기보다 쉽다는 친구들도 있지요.

독서활동보고서에는 나의 미래와 꿈, 그리고 계획 등이 책 내용과 연관 지어 담겨 있습니다. 중요한 것은 책을 읽었다는 그 자체보다 책을 통해 꿈을 꾸고 미래를 그려 보는 것입니다. 시작이 반이라는 말처럼 이제부터 목적에 따라 책을 읽고 그 결과를 독서활동보고서로 차근차근 작성해 보세요.

혼자서도 잘하는 공부,
자기주도학습을 보여 주는
독서활동보고서

독서는 모든 공부의 바탕입니다. 특히 교과서 내용과 관련된 소재 및 주제의 책을 읽으면 공부 실력이 더욱 늘어납니다. 그런데 읽기만 하면 내용을 기억해 내기 어렵습니다. 그래서 독서활동보고서를 작성하여 어떤 교과목과 관련된 독서를 했고, 거기서 어떤 내용을 배웠는지 꼼꼼하게 록해 봅니다.

이렇게 써요

책을 읽을 때 교과서에서 배운 내용을 적극적으로 떠올려 봅니다. 그래야 어떤 내용이 새로운지, 어떤 면에서 더 깊이가 있는지 알게 됩니다. 새로운 내용이나 심화된 내용이 나오면 반드시 밑줄을 긋거나 메모를 해 둡니다.

새로 알게 된 점과 더 알고 싶은 점 쓰기

:: 동기 및 책 내용
어떤 부분이 부족하여 읽게 되었는지, 무엇이 궁금하여 읽게 되었는지 동기를 쓰고, 그 내용을 간단히 정리합니다.

:: 새로 알게 된 지식
교과서에서 배우지 않은 내용이나 더 심화된 내용 등 새로 알게 된 지식을 체계적으로 정리합니다. 새로 알게 된 내용이 너무 많으면 그 중에서 꼭 알아야 하는 내용을 나름대로 판단하여 정리해 봅니다.

:: 더 알고 싶은 점
앞으로 더 알고 싶고 배우고 싶은 내용, 탐구하고 싶은 내용, 읽고 싶은 책에 대해 써 봅니다.

어휘력을 길러 주는
국어실력이 밥먹여준다

독서활동보고서 | 1

책이름	국어실력이 밥먹여준다		
지은이	김경원 외	출판사	열린박물관
과목	국어	읽은날	1월 13일

동기 및 책 내용 우리말 어휘를 좀 더 정확히 알아보기 위해 읽어보았는데, 헷갈리게 쓰는 낱말이 총 32가지 나와 있고, 교과서에 실린 문장으로 학습 문제를 만들어서 실력을 테스트 할 수도 있다.

새로 알게 된 지식
(1) '참다' 와 '견디다' : '참다' 는 화, 눈물, 졸음처럼 사람이 자연적으로 느끼거나 행동하게 되는 것에 쓰는 표현이고, '견디다' 는 어려움, 비바람, 비난 등 외부에서 가해지는 일들에 대해 쓰는 표현이다.
(2) '껍데기' 와 '껍질' : '껍데기' 는 달걀, 조개 등 겉을 딱딱하게 싼 물질을 표현할 때 쓰고, '껍질' 은 딱딱하지 않은 무른 물체의 거죽을 뜻한다.
(3) '가족' 과 '식구' : '가족' 은 가족 성원의 전체, 즉 법적으로 무리(집단)를 뜻하고, '식구' 는 한 지붕 안에 함께 살고 있는 성원의 개개인을 뜻한다. 그리고 '식구' 는 '가족' 보다 훨씬 친근하고 정감 있다.

더 알고 싶은 것
1. 같은 뜻으로 쓰이는 우리말과 한자어에는 어떤 것들이 있을까?
2. 모르는 낱말을 보았을 때 사전 없이 그 뜻을 어떻게 알 수 있을까?
3. 우리말은 왜 높임법이 복잡할까?
4. 말에는 정말 그 나라 사람들의 정신과 마음이 담겨 있을까?

친구들의 일기 엿보기, 주먹만한 내 똥

독서활동보고서 | 2

책이름	주먹만한 내 똥		
지은이	한국글쓰기연구회	출판사	보리
과목	국어	읽은날	2월 17일

동기 및 책 내용 어떻게 글을 써야 하는지 괴롭기만 해서 다른 친구들이 쓴 글을 읽어 보기로 했다. 이 책에는 아주 쉽고 친근한 내용의 친구들의 일기와 생활문이 잔뜩 실려 있다.

새로 알게 된 지식 (1) **솔직한 글** : 이 책에 실린 친구들의 글들은 모두 솔직하다. 시험에 대한 것, 친구에 대한 것, 심지어 부모님에 대한 일들도 모두 거짓 없이 솔직하게 썼다. 그래서 더 재미있는 것 같다.
(2) **자기가 직접 겪은 일에 대한 것** : 여기 글들은 거의 전부가 생활 속에서 겪은 일에 대한 것이다. 친근한 소재를 가지고 쉽게 써서 공감이 잘 되는 것 같다.
(3) **자신감** : 이 책에 나온 글들을 보면 자신감이 느껴진다. 글을 쓸 때 못 쓴다는 생각을 버리고 자신감을 갖고 쓰면 어쨌든 쓰게 되고, 쓰다 보면 잘 써질 것 같다.

더 알고 싶은 점 1. 생각이 잘 떠오르지 않으면 어떻게 해야 할까?
2. 글짓기 대회에 나가 1등을 하려면 어떻게 해야 할까?
3. 어린이 작가가 되기 위해서는 어떻게 해야 할까?

역사 속에서 배우는 수학, 이야기 수학

독서활동보고서 | 3

책이름	이야기수학		
지은이	한경희	출판사	다림
과목	수학	읽은날	3월 10일

동기 및 책 내용 수학에 흥미를 붙이기 위해 읽어 보았다. 숫자나 기호가 만들어진 배경과 그 의미, 그리고 계산의 원리를 재미있는 이야기나 역사적 사건 속에서 알 수 있도록 재미있게 썼다.

새로 알게 된 지식 (1) **기하학의 발생** : 고대 이집트에서는 홍수가 일어날 때마다 농토의 경계선이 없어져 버려, 농부들 사이에서는 서로 자기 땅이라고 우기는 싸움이 자주 일어났다. 그리고 왕도 경계선이 모호해져 세금을 어떻게 거두어야 할지 골치가 아팠다. 이런 문제를 해결하기 위해 원래 농토의 경계선을 정확하게 다시 긋는 기술이 발달하였고, 이것이 도형에 관한 여러 가지 성질을 연구하는 기하학의 기원이 되었다.

(2) **제논의 역설** : 아킬레스와 거북이가 달리기 경주를 한다고 했을 때, 거북이가 한참 앞서 달리면 아킬레스가 아무리 빨라도 절대로 따라잡을 수 없을 것이라고 했는데 여기에는 시간 개념이 빠져 있다. 한정 시간이 지나면 결국 아킬레스가 이긴다.

더 알고 싶은 점 1. 기하학 중에서 입체 도형에 대해 더 알고 싶다.
2. 음수를 계산할 때 어떻게 하는지 원리를 알고 싶다.

오묘한 수학의 세계, 마법의 수학 나라

독서활동보고서 | 4

책이름	마법의 수학나라		
지은이	크리스티 매간지니	출판사	맑은 소리
과목	수학	읽은날	4월 3일

동기 및 책 내용 수학의 개념과 원리를 쉽게 이해하고 배경지식을 기르기 위해 읽어보았다. 십진법, 음수와 양수, 0, 무한대, 자연 속의 규칙과 대칭, 혼돈 이론, 소수를 구하는 에라토스테네스의 체 등에 관해 쉽게 썼다.

새로 알게 된 지식
(1) **완전수** : 어떤 수가 자기 자신을 제외한 인수의 합과 같을 때 완전수라고 한다. 예 6(=1+2+3), 28(=1+2+4+7+14) 등
(2) **삼각수** : 점차 1씩 증가하는 열로 배열된 수를 말한다. 예 1, 3, 6, 10, 15 등
(3) **제곱수** : 자연수를 제곱하여 만들어진 수를 제곱수라고 한다.
   예 1의 제곱수는 1, 2의 제곱수는 4, 3의 제곱수는 9, 4의 제곱수는 16
(4) **소수** : 1과 자기 자신만을 약수로 갖는 수이다. 예 2, 3, 5, 7, 11 등
(5) **이진수** : 0과 1로 이루어진 수 체계이다.
   예 십진수 3은 '이진법의 수 11'로 나타낼 수 있음.
(6) **음수** : 0보다 작은 수. 수가 부족하다는 뜻이다. 예 -1, -2, -3.7 등

더 알고 싶은 점
1. 규칙성을 보이는 자연물에는 어떤 것이 더 있을까?
2. 이진수를 어떻게 계산할 수 있을까?
3. 또 다른 규칙적인 수에는 어떤 것들이 있을까?

어려운 경제 개념을 잡아주는
어린이 경제 이야기

독서활동보고서 | 5

책이름	어린이 경제 이야기		
지은이	박원배	출판사	계림
과목	사회	읽은날	5월 17일

동기 및 책 내용 경제 개념과 용어에 대해 정확히 이해하기 위해 읽어 보았다. 가격과 시장, 수출, 금융, 소득과 소비와 저축, 용돈에 대한 것, 가정의 경제생활, 할인점, 백화점, 영화관에서 알 수 있는 경제 등 많은 내용이 담겨 있다.

새로 알게 된 지식 (1) **경기** : 생산과 일자리가 늘어나고 물건 값이 높아지는 때와, 생산과 일자리가 줄어들고 물건 값이 낮아지는 때가 주기적으로 순환하는 경제활동의 상황을 말한다. 앞의 경우를 호경기, 뒤의 경우를 불경기라고 한다.
(2) **금리** : 돈을 빌리거나 꾸어 줄 때, 꾸어 주는 사람이 빌려 주는 대가로 부과하는 사용료이다. 땅이나 건물을 빌리면 임대료, 돈이나 물건을 빌리면 수수료 등이 있다. 금리가 높으면 사람들이 돈이나 건물 등을 빌리기가 어렵다.
(3) **한국은행이 하는 일** : 한국은행은 우리나라의 중앙은행이다. 여기서 하는 일은 화폐를 만들고, 은행에게 돈을 빌려 주고, 정부에게도 돈을 빌려 주거나 정부의 경제 정책을 수행하는 것 등이다.

더 알고 싶은 점 1. 왜 집값은 계속 오르는 걸까?
2. 모든 사람에게 똑같이 100만원을 공짜로 주면 경제가 어떻게 될까? 더 좋아질까, 나빠질까? 아니면 변화가 없을까?

우리 역사를 한눈에~
애들아, 역사로 가자

독서활동보고서 | 6

책이름	애들아, 역사로가자		
지은이	조호상	출판사	풀빛
과목	사회	읽은날	6월 25일

동기및책내용 역사에 대한 흥미를 갖기 위해서 읽게 되었다. 우리 역사의 중요한 사건들이 일어난 배경과 이유, 그리고 진행 과정과 결과를 타임머신을 타고 직접 체험하는 내용으로 썼다. 신라의 삼국통일, 노비 만적의 이야기, 5·18 등이 나와 있다.

새로 알게 된 지식

(1) **신분의 발생** : 원시공동체는 소유가 없었는데, 생산물이 늘어나면서 소유가 생기고 여기서 힘도 세고 재산도 많이 가진 사람이 지도자가 되었다. 이렇게 점점 불평등해지면서 신분이 생겨나게 되었다.

(2) **삼별초의 원래 역할** : 삼별초는 몽골에 저항하여 우리나라를 끝까지 지키기 위해 싸운 용맹한 군대인데, 처음에는 무신 정권이 농민들의 반란을 진압하기 위해 만든 군대였다.

(3) **우리나라가 대통령을 직접 뽑게 된 사건** : 전두환 대통령의 임기가 끝나갈 무렵 국민들이 직접 대통령을 뽑겠다고 했다. 그런데 정부에서 거절하자 온 국민이 거리로 나서서 시위를 했고 그 결과 대통령 직선제를 하게 되었다.

더 알고 싶은 점
1. 우리나라 역사에서 가장 나쁜 왕은 누구였을까?
2. 다른 나라 국민들도 우리처럼 민주주의를 위해 싸웠을까?

우주에는 무엇이 있을까?
신비한 우주 이야기 30

독서활동보고서 | 7

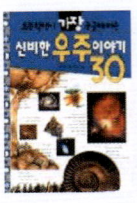

책이름	신비한 우주 이야기 30		
지은이	창수하늘소	출판사	두산동아
과목	과학	읽은날	7월 8일

동기 및 책내용 우주의 탄생과 여러 가지 행성, 은하에 대해 알고 싶어서 읽게 되었다. 태양계, 지구의 자전과 공전, 화산 폭발과 지진, 일식과 월식, 밀물과 썰물, 혜성과 유성, 은하수 등에 대한 내용이 있다.

새로 알게 된 지식
(1) 은하수를 구성하고 있는 것 : 은하수는 수많은 별이 모여 있고 가스와 먼지도 떠 있다. 그 가스와 먼지가 별빛을 받아 희미하게 빛나 구름처럼 보이는데 이것이 바로 은하수이다. 또 그 가스와 먼지 구름이 수많은 별과 함께 길게 이어져 마치 강물이 흐르는 것처럼 보이기도 한다.

(2) 공기의 이동 : 공기가 데워지면 위로 올라가는 성질이 있다. 그래서 가끔씩 바다 새들이 바다 위를 날다가 이 공기를 만나면 공중으로 살짝 솟아오르기도 한다.

더 알고 싶은 점
1. 우주는 점이 폭발해서 생겼다는데 그 점의 정체가 정확히 뭘까?
2. 지구가 달보다 끌어당기는 힘이 더 센데, 어째서 달은 지구 쪽으로 완전히 끌려오지는 않는 걸까?
3. 다른 우주에도 생명체가 있을까?
4. 죽은 화산은 정말 다시는 폭발하지 않을까?

바다는 왜 중요할까?
바다는 왜?

독서활동보고서 | 8

책이름	바다는 왜?		
지은이	장순근	출판사	지성사
과목	과학	읽은날	8월 19일

동기 및 책 내용 바다에 대해 알고 싶어서 읽게 되었다. 바닷가 모래에서부터 바다의 성분, 바닷물의 흐름, 기후, 바다에 사는 생물, 바다 밑 보물 이야기, 미래 바다의 가치, 버뮤다 삼각지대 등 많은 내용이 담겨 있다.

새로 알게 된 지식
(1) 바다의 산소 공급 : 바다는 지구의 허파이다. 지구의 산소를 80% 이상 바다가 만들어 내기 때문이다. 바다에 사는 규조라는 아주 작은 바다 식물이 광합성을 하여 산소를 만들어 낸다.
(2) 엘니뇨 : 바닷물의 전체 평균 온도가 평년보다 평균 0.5도 이상 높아지는 현상을 말한다. 이렇게 되면 엘니뇨가 발생한 중심부의 바닷물 온도는 평균보다 5도 이상 높아진다.
(3) 라니냐 : 엘니뇨와 정반대로 동태평양의 해수면 온도가 5개월 이상 평년보다 0.5도 이상 낮아지는 현상을 말한다.

더 알고 싶은 점
1. 다른 행성에는 바다가 없을까? 만약 있다면 어떤 모습이고 무엇이 살까?
2. 버뮤다 삼각지대의 정체는 뭘까?
3. 바다가 완전히 마르거나, 지금보다 물이 더 많으면 어떻게 될까?

술술 읽는 재미있는 영어 동화책,
Big Fat Cat 시리즈

독서활동보고서 | 9

책이름	Big Fat Cat and the Mustard Pie		
지은이	무코야마다카히코	출판사	윌북
과목	영어	읽은날	9월 3일

동기및책내용 주인 에드와 뚱뚱한 고양이, Big Fat Cat의 재미있는 영어 이야기이다. 에드는 마음이 약하고, 빅팻캣은 파이를 좋아한다. 이야기가 끝나면 영어 문장을 읽는 법이 자세하게 나와 있다.

새로 알게된 지식 영어 문장의 구조를 알면 영어책을 쉽게 읽을 수 있다는 것을 알았다.
(1) A→B 구조 : 영어 문장에서 가장 기본이 되는 형태이다. 'A가 B에게 무엇을 했다.'는 뜻이다. 예 'The cat scratched Ed.' - '고양이(A: cat)'가 '에드(B: Ed)'에게 '할퀴는 짓(→: scratched)'을 했다는 뜻
(2) A=B 구조 : 'A는 B다.'라는 뜻이다. 여기에서 '='에는 보통 'is, are, was, were' 등의 be동사가 들어간다. 예 'The cat is an animal.' - '고양이(A: cat)'는 '동물(B: animal)' '이다(=: is)'는 뜻
(3) A← 구조 : 'A는 한다.'는 뜻이다. 여기에는 B가 필요 없다. 예 'The cat slept.' - '고양이(A: cat)'가 '잠잔다.(←: slept)'라는 뜻

더 알고 싶은 점 1. 영어 문장이 길어지면 어떻게 그것을 A와 B로 나눌 수 있을까?
2. 영어책을 읽을 때 모르는 단어가 나오면 꼭 사전을 찾아야 할까? 사전을 찾지 않고 단어를 알 수 있는 방법은 없을까?

흥미진진한 영어 문법 만화책,
GramGram 영문법 원정대 시리즈

독서활동보고서 | 10

책이름	GramGram 영문법원정대1. 막아라나운의 명사공격		
지은이	장영준	출판사	사회평론
과목	영어	읽은날	10월 13일

동기 및 책 내용 영어 문법을 이야기 만화로 그려서 쉽게 알 수 있게 만든 책이다. 시리즈로 나와 있는데 이것은 1권 명사에 대한 이야기이다. 건, 빛나, 피오가 명사 나운의 공격에 맞서 싸우면서 명사에 대해 알게 된다.

새로 알게 된 지식
(1) **Noun** : 명사. 모든 것의 이름. 물건 이름, 사람 이름, 장소 이름, 감정 이름 등이 있다. 예) tree-나무, Korea-한국, Jane-제인, love-사랑

(2) **명사의 수** : 단수와 복수가 있다. 단수는 하나일 때 쓰고, 복수는 둘 이상일 때 쓴다. 복수를 나타낼 때는 그 명사 뒤에 '-s' 나 '-es'를 붙인다. 예) 사과가 하나 있으면 'apple' 이고 사과가 두 개 이상 있으면 'apples' 이다.

(3) **인칭대명사** : 사람을 가리킬 때 쓰는 명사이다. 1인칭, 2인칭, 3인칭이 있는데, 나와 우리를 가리킬 때는 쓰는 것이 1인칭, 너와 당신을 가리킬 때 쓰는 것이 2인칭, 그와 그녀, 그들을 가리키는 것이 3인칭이다.
예) 1인칭-I, my, me, we, our, us / 2인칭-you, yours / 3인칭-he, his, him, she, her, they, their

더 알고 싶은 점
1. 명사에 대해 더 알아야 하는 것은 없을까?
2. 영어 문법에는 또 어떤 것들이 있을까?

꿈을 이루기 위해 앞으로~ 롤 모델을 보여 주는 독서활동보고서

발명가, 의사, 판사, 선생님, 작가, 음악가, 화가, 곤충학자, CEO, 영화감독 등 되고 싶은 것이 무척 많을 거예요. 어떤 일을 하고 싶고 어떤 사람이 되고 싶은지 정한 다음 이와 관련된 위인이나 인물의 이야기를 읽고 롤 모델을 찾아보세요. 그리고 그 사람에게 본받을 점과 나의 다짐을 중심으로 꿈을 담은 독서활동보고서를 써 봅니다.

이렇게 써요

위인전이나 인물전을 읽을 때는 인물의 어린 시절, 성장과정, 성격, 마음가짐, 리더십, 창의력 등을 중심으로 읽습니다. 롤 모델로서 그 사람의 어떤 점을 본받고 싶고 어떻게 실천할지 생각해 봅니다.

🌐 인물에게 본받을 점과 나의 다짐 쓰기

:: 나의 꿈
나의 꿈이 무엇인지 씁니다.

:: 인물 소개
인물에 대해 소개합니다. 어떤 분야에서 어떤 일을 하고 있는지, 어떤 업적을 남겼는지 간단히 정리해 봅니다.

:: 기억에 남는 부분
기억에 남는 부분을 한두 가지 골라 간단하면서도 구체적으로 써 봅니다. 보통 그 인물이 꿈을 갖게 된 계기, 꿈을 이루고 성공한 삶을 살게 된 결정적 사건, 성품이나 의지 등이 두드러진 부분 등이 기억에 남지요.

:: 꿈을 이루기 위한 나의 다짐
그 인물과 비교하여 성격, 행동, 재능, 습관, 공부 등 내가 부족한 점이나 나에게 없는 점을 찾아보고 앞으로 어떻게 하여 그것을 고쳐나가겠는지 다짐을 써 봅니다.

세계를 이끄는 사람!
바보처럼 공부하고 천재처럼 꿈꿔라

독서활동보고서 | 1

책이름	바보처럼 공부하고 천재처럼 꿈꿔라		
지은이	신웅진	출판사	명진출판사
나의 꿈	외교관	읽은날	1월 16일

인물 소개 반기문 유엔 사무총장은 초등학교 때 외교관이 되는 것이 꿈이었다. 어느 날 외교부 장관이 학교에 와서 강의를 했는데, 그때 그 꿈을 품게 된 것이다. 그 후로 아주 열심히 영어 공부를 해서 중학교 때는 미국을 방문하여 케네디 대통령도 만나고 마침내 외무고시에도 합격하여 외교관이 되었다. 그러다 2004년에는 외교통상부 장관을 맡았고, 2006년에는 마침내 한국 역사에 영원히 기록된 제8대 유엔 사무총장이 되었다.

기억에 남는 부분 반기문 총장님은 원래부터 모든 능력을 다 가지고 있었던 것이 아니라 무엇이 부족한지를 알고 그걸 채우려고 열심히 한 점이 기억에 남는다. 그렇다고 다 채우려고 했던 것도 아니다. 음악이나 미술은 처음부터 재능이 있어야 하지만 공부는 조금만 노력하면 된다는 생각에 공부에 집중했다. 그 결과 영어, 프랑스어 등 많은 언어를 하게 되었고, 공부도 진짜 잘하는 사람이 되었다.

꿈을 이루기 위한 나의 다짐
1. 하루에 매일 3시간씩 영어 공부를 하겠다.
2. 남을 이기려는 공부가 아니라 나 자신과의 싸움에서 이기는 공부를 하겠다. 그리고 착한 마음을 갖겠다.
3. 가난한 나라와 전쟁이 끊이지 않는 나라, 자연이 많이 파괴된 나라를 어떻게 도울 수 있는지 연구해 보겠다.

즐거운 만화 세상을 만들자!
월트 디즈니

독서활동보고서 | 2

책이름	월트 디즈니		
지은이	휘트니 스튜어트	출판사	을파소
나의 꿈	만화영화감독	읽은날	2월 20일

인물 소개
월트 디즈니는 미키 마우스, 도날드 덕 등 유명한 만화영어 시리즈를 만든 만화영화 감독이다. 월트 디즈니는 어린 시절 무척 가난했는데 그림에 소질이 있었다. 그래서 그 꿈을 버리지 않고 조금씩이라도 그림을 그리자 차츰 주위 사람들에게 알려지게 되었고, 마침내 만화영화제작 회사까지 만들게 되어 꿈을 이루었다.

기억에 남는 부분
백설공주를 만화영어로 만들어 상영하는 장면이 가장 기억에 남는다. 그때만 하더라도 만화영화를 극장에서 돈 내고 보는 것이라고는 생각하지 못했고, 또 그만큼 재미있는 만화도 없었다. 그런데 백설공주는 모두가 알고 있는 이야기인데도 월트 디즈니가 만화영화로 완벽하게 만들어 내어 모든 사람들의 고정관념을 완전히 깨고 대성공을 거두었다.

꿈을 이루기 위한 나의 다짐
1. 만화영화 캐릭터를 만들고 만화로 표현하는 활동을 매일 하겠다.
2. 만화 감상 노트를 만들어 한 달에 한 번은 만화영화를 보고 감상을 쓰고 분석해 보겠다.
3. 사람들이 불가능하다고 말해도 포기하지 말고 새로운 일에 도전하고 그것이 성공할 때가지 끝까지 노력하겠다.

세상을 바꾸는 예술!
백남준, 창조를 꿈꾸는 호랑이

독서활동보고서 | 3

책이름	백남준, 창조를 꿈꾸는 호랑이		
지은이	나정아	출판사	씽크하우스
나의 꿈	미술가	읽은날	3월 29일

인물 소개 백남준은 세계에서도 아주 유명한 비디오 아티스트이다. 백남준이 만든 비디오 아트는 비디오나 텔레비전 같은 기계를 활용하여 예술 작품을 만드는 것이다. 이 비디오 아트를 처음 만든 사람이 바로 백남준이다. 백남준은 미국, 독일 등 여러 나라에서 전시회를 열었고, 우리나라의 예술을 세계에 알렸다.

기억에 남는 부분 나는 백남준이 정말 정말 자랑스럽다. 특히 '굿모닝 미스터 오웰'이라는 작품을 공개했을 때 내가 마치 백남준이 된 것처럼 무척 기쁘고 감격스러웠다. 이것은 세계적인 아티스트들의 퍼포먼스를 뉴욕 방송국과 파리 퐁피두 센터를 연결하여 실시간으로 위성 생중계 방송을 한 사건이다. 여기에는 로리 앤더슨, 존 케이지, 요셉 보이스, 앨런 긴즈버그, 이브 몽탕 등이 참여했는데, 모두들 세계적인 아티스트라고 한다. 전 세계 2천 5백만 명이 이 방송을 보았다고 한다.

꿈을 이루기 위한 나의 다짐
1. 예술가들의 일생을 담은 이야기를 많이 읽고 미술 전시회가 있으면 꼭 가겠다.
2. 창의적인 생각을 기르기 위해 책을 많이 읽고, 그림 실력을 높이기 위해 미술 공부를 열심히 하겠다.
3. 미술 대회가 있으면 다 참가하겠다.

여성의 힘으로 더 좋은 세상을!
세상을 뒤흔든 여성들

독서활동보고서 | 4

책이름	세상을 뒤흔든 여성들		
지은이	미셸 롬	출판사	푸른나무
나의 꿈	여성 지도자	읽은날	4월 7일

인물 소개   세상을 바꾼 용기 있는 여성들에 대한 이야기가 실려 있다. 트롱 자매(독립운동가), 라우라 버시(물리학자), 브론테 자매(작가), 클라라 슈만(작곡가), 오프라 윈프리(방송인) 등이 나온다.

기억에 남는 부분   사회적인 편견과 비난에 맞서 자신의 꿈을 실현하는 대목들이 가장 기억에 남는다. 예를 들어 라우라 버시는 여성과 과학은 거리가 멀다는 비난에도 꾸준히 연구를 했고 최초의 여성 물리학 교수가 되었다. 또 브론테 자매는 단지 여자라는 이유만으로 출판이 허락되지 않은 상황에서도 포기하지 않고 글을 쓰고 결국 대작가가 되었다. 또 발명가 마가렛 나이트는 여성들은 복잡한 기계를 만들 수 없다는 조롱에 맞서 멋진 발명품을 만들어 냈다. 재능과 끈기, 그리고 노력은 절대 자신을 배반하지 않는다는 것을 다시 한 번 확인했고, 무척 감동을 받았다.

꿈을 이루기 위한 나의 다짐   1. 이 세상이 더 좋은 세상이 될 수 있도록 차별과 편견에 맞서겠다.
2. 다른 사람의 평가를 발전의 계기로 삼을 뿐, 내 꿈을 포기하지 않겠다.
3. 오프라 윈프리처럼 목표를 분명하게 하고 열정을 갖고 나아가겠다.

나누는 기업가, 유일한 이야기

독서활동보고서 | 5

책이름	유일한 이야기		
지은이	조영권	출판사	웅진주니어
나의 꿈	CEO	읽은날	4월 26일

인물 소개 유일한은 우리나라의 훌륭한 기업가이다. 원래 이름은 유일형이다. 유일한은 9살에 미국으로 혼자 유학을 가서 낮에는 일하고 밤에는 공부를 하며 대학을 나오고 대학원까지 공부했다. 그리고 미국에서 사업을 하다가 고국으로 돌아와 유한양행이라는 회사를 세우고 사회에 봉사하고 헌신하는 경영을 했다. 그리고 돌아가실 때 전 재산을 사회에 환원했다.

기억에 남는 부분 유일한은 일제시대에 회사를 세워 경영을 했다. 힘든 시절에도 정직하게 기업을 경영한 것이 인상적이었다. 그리고 혼자 미국에서 공부한 일과 한 번 하겠다고 결심을 하면 용감하게 돌진하여 꼭 이루고야 마는 끈기도 기억에 남는다. 그 중에서도 가장 인상 깊은 일은 돌아가실 때 전 재산을 사회에 환원한 것이다. 손녀딸의 학비를 빼고는 모두 사회에 돌려주었다. 어떻게 그럴 수 있을까? 정말 훌륭하고 모범이 되는 행동이다.

꿈을 이루기 위한 나의 다짐
1. 돈을 벌기 위해서 회사를 세우기보다는 사회에 어떻게 보답하고 국민들의 생활을 어떻게 편리하게 해 줄지를 항상 먼저 생각하겠다.
2. 기업의 CEO가 되면 정직하게 경영을 하고 직원들의 발전을 위해 교육도 시켜 주고 주식도 나누어 주겠다.

아름다움과 자유를 한 옷에~
코코 샤넬

독서활동보고서 | 6

책이름	코코 샤넬		
지은이	브리지트 라베	출판사	다섯수레
나의 꿈	패션 디자이너	읽은날	6월 14일

인물 소개 코코 샤넬은 세계적인 패션 디자이너이다. 어린 시절을 고아원에서 보냈을 만큼 불우하고 가난했다. 처음에는 가수의 꿈을 키웠는데, 우연히 모자 디자인을 한 것이 계기가 되어 모자 가게를 열었고 향수, 양장, 액세서리까지 만드는 세계적인 디자이너가 되었다.

기억에 남는 부분 이미 유명한 디자이너이자 사업가가 된 샤넬은 근로자들이 파업을 한 일에 충격을 받아 15년 동안이나 패션계를 떠났다. 다시 돌아왔을 때 그녀는 늙었고 사람들은 그녀를 별로 반기지 않았다. 왜냐 하면 프랑스가 독일의 지배를 받았을 때 독일 장교와 사귀었기 때문이다. 사람들은 샤넬이 더 이상 멋진 옷을 만들지 못할 것이라고 생각했는데 예상을 깨고 성공했다. 물론 프랑스에서는 실패했지만 미국에서 엄청 사랑을 받았다. 73세의 나이로 다시 패션 디자이너로서 일어선 것이 인상적이었다. 샤넬이 만든 옷은 아름다움과 실용성을 모두 갖추어 현대 여성들이 입기에 안성맞춤이었다.

꿈을 이루기 위한 나의 다짐
1. 환경이 어렵다 하더라도 누구에게나 재능을 발휘할 수 있는 기회는 오기 때문에 그때를 대비하여 열심히 준비해야겠다.
2. 고정관념을 깨고 항상 창조적으로 생각하려고 노력하고 끊임없이 도전하는 사람이 되겠다.

소중한 우리 문화 지킴이~
큰 소리꾼 박동진 이야기

독서활동보고서 | 7

책이름	큰 소리꾼 박동진 이야기		
지은이	송언	출판사	우리교육
나의 꿈	우리 문화 지킴이	읽은날	7월 13일

인물 소개 박동진 할아버지는 판소리를 하는 소리꾼으로서 아버지의 반대를 무릅쓰고 모든 어려움을 극복하여 마침내 최고가 되었다. 우리나라의 인간문화재이기도 하다. 판소리 다섯 마당을 모두 완창하여 세계적인 주목을 끌었고, 사그라지던 판소리를 다시 살려 냈다.

기억에 남는 부분 우리 소리를 다 배우기 위해 여러 선생님을 찾아다닌 것과 좋은 소리를 내기 위해 똥물을 먹는 장면이 기억에 남는다. 박동진은 가난하여 소리 선생님을 모실 수 없어서 허드렛일을 하면서 소리를 배웠다. 한 가지를 완벽하게 이루기 위해 모든 어려움을 극복하는 모습이 인상적이었다.

꿈을 이루기 위한 나의 다짐
1. 판소리나 우리 춤, 음악 등의 공연이 있으면 자주 보러 가 친밀감을 쌓겠다. (한 달에 한 번은 필수)
2. 우리 문화 관련 책을 읽고 중요 내용을 꼼꼼히 기록하고 암기하여 지식을 넓히겠다.
3. 우리 문화재 중에 해외에 보관되거나 다른 나라가 약탈한 문화재를 모두 조사하여 나중에 꼭 돌려받을 수 있도록 힘을 쓰겠다.
4. 우리 문화 지킴이가 되기 위해 우리 문화 모임을 만들어 세계에 알리는 작업을 하겠다.

미생물 연구로 세상을 구한
전염병을 물리친 과학자 빠스뙤르

독서활동보고서 | 8

책이름	전염병을 물리친 과학자 빠스뙤르		
지은이	서홍관	출판사	창작과비평사
나의 꿈	미생물학자	읽은날	8월 16일

인물 소개 프랑스의 국민 과학자 빠스뙤르는 과학뿐만 아니라 의학, 농업, 상업 등 실생활에 관련된 분야를 광범위하게 연구·실험하여 인류에 많은 공헌을 하였다. 저온살균법, 예방주사의 원리, 병원에서의 청결, 광견병의 예방, 박테리아와 미생물에 대한 연구 등 많은 업적을 남겼다.

기억에 남는 부분 빠스뙤르는 저온살균법을 알아냈는데 특허권을 갖지 않았다. 특허권을 행사하면 정말 떼돈을 벌 수 있는데도 말이다. 그 이유는 프랑스의 농민들이 저온살균을 통해 포도주 발효에 성공하여 포도주 산업이 더 발전되기를 희망했기 때문이다. 자기 나라와 국민을 위하는 순수한 마음이 매우 인상적이다.

꿈을 이루기 위한 나의 다짐
1. 돈을 많이 벌기 위해 과학자가 되려는 마음을 접고 인류를 위해 공헌하겠다는 마음을 갖겠다.
2. 과학자다운 태도를 갖겠다. 그것은 오직 실험과 연구를 통해서만 과학적 진실을 탐구해 보는 자세이다.
3. 평소에 사람들이 당연하게 생각하는 생활습관에 문제는 없는지 살펴보고 과학자가 되면 이것에 대해 연구해 보겠다.

아시아의 슈바이처,
세계의 보건 대통령 이종욱

독서활동보고서 | 9

책이름	세계의 보건대통령 이종욱		
지은이	박현숙	출판사	샘터사
나의 꿈	의료 봉사	읽은날	9월 20일

인물 소개 이종욱 총장은 대한민국 최초로 세계보건기구(WHO)의 사무총장으로 임명되어 평생을 세계인의 질병 퇴치를 위해 헌신하셨다. 남태평양의 섬들에서 한센병 치료와 예방 일을 하다가 세계보건기구에서 일을 하게 되었고, 결핵, 소아마비, 조류 독감, 에이즈 퇴치와 예방에 힘썼다.

기억에 남는 부분 대학 시절에 사모아 섬으로 의료 봉사를 떠났던 일들이 제일 기억에 남는다. 사모아 섬은 남태평양에 있는 작은 섬인데 병원도 없고 의사도 거의 없어서 병에 걸리면 사람들이 치료도 제대로 못 받고 죽었다. 이종욱 총장은 그곳에 가서 한센병 환자들을 치료하였다. 한센병은 피부에 생기는 병으로 놔두면 근육이 무감각해진다고 한다. 이종욱 총장은 아주 헌신적이고 매우 친절하게 이 병에 걸린 주민들을 치료했다. 그래서 사모아 사람들은 이종욱 총장을 "아시아의 슈바이처"라고 불렀다고 한다. 이종욱 총장이 진심으로 환자를 사랑하고 아끼는 마음이 무척 감동적이었다.

꿈을 이루기 위한 나의 다짐 1. 의과대학에 진학하기 위해 수학과 과학을 열심히 공부하겠다.
2. 의사가 되면 질병으로 고생하는 아프리카로 떠나 그 사람들과 함께 살면서 3년 정도 의료 봉사를 하겠다.
3. 병에 걸렸을 때 그것을 치료하는 일보다 예방하는 일에 더욱 힘쓰겠다.

자랑스러운 음악인이 되자!
세계를 무대로 내 꿈을 연주하고 싶어요

독서활동보고서 | 10

책이름	세계를 무대로 내 꿈을 연주하고 싶어요		
지은이	김창	출판사	파란자전거
나의 꿈	피아니스트	읽은날	10월 2일

인물 소개 정명화, 정경화, 정명훈을 정 트리오라고 부른다. 이 세 사람은 남매인데, 정경화는 첼로를, 정명화는 바이올린을, 정명훈은 피아노와 지휘를 한다. 정 트리오는 어렸을 때 어머니가 국밥집을 하는 등 살림이 어려웠는데 아이들의 재능을 보고 미국으로 아예 이민을 가서 공부를 시켰다. 거기서 셋은 세계 최고의 음악가가 되었다.

기억에 남는 부분 정명훈이 프랑스의 국립 바스티유 오페라단의 초대 지휘자가 되어 출범식을 갖는 장면이 매우 인상적이었다. 프랑스는 본래 예술과 문화에 대한 자부심이 대단해서 외국 사람을 지휘자로 임명하지 않는데, 정명훈은 너무 뛰어나 임명이 되었다. 임명식에서 정명훈은 멋진 말을 했다. 자기는 대한민국 사람이기 때문에 서양식으로 '훈 정'이라고 부르지 말고 '명훈 정'이라고 부르라고 말이다. 이 대목을 읽으면서 나도 정명훈과 같은 한국 사람이라는 것이 자랑스러웠다. 정명훈의 뛰어난 재능과 천재성보다 이런 성품과 인격이 더 존경스럽다.

꿈을 이루기 위한 나의 다짐
1. 서양 음악인 피아노를 배우지만 내가 한국인임을 잊지 않고 한국의 정신을 음악으로 표현하도록 노력하겠다.
2. 틀렸다고 당황하지 말고 좀 더 당당하게 행동하고, 다음에는 틀리지 않도록 연습하여 확실히 고치겠다.

모두가 만족하는 더불어 사는 세상을 위해!
오체 불만족

독서활동보고서 | 11

책이름	오체불만족		
지은이	오토다케 히로다타	출판사	창해
나의 꿈	사회 활동가	읽은날	11월 18일

인물 소개 오토다케 히로타다는 사지절단증이라는 희귀병을 안고 태어났지만 그것을 장애라 생각하지 않고 항상 밝고 긍정적으로 삶을 개척해 나간다. 그는 장애인과 소외된 사람들을 위해 살기로 하고 지금도 활발하게 사회 활동을 하고 있다.

기억에 남는 부분 마지막 부분에서 오토가 오랜 시간 동안 자신이 무엇을 하고 싶은지 끝까지 고민하여 답을 찾는 장면이 제일 기억에 남는다. 오토는 장애가 있지만 그 동안은 불편한 것도 없고 별로 차별도 받지 않고 친구들과도 즐겁게 잘 지내서 장애인에 대해 생각해 본 적이 없었다고 한다. 그런데 아이젝 활동을 하면서 장애인으로서의 삶을 생각해 보게 되었고 그 사명을 다하겠다고 마음을 먹었다. 그래서 '마음의 장벽 없애기 운동'을 벌이기로 결심했다.

꿈을 이루기 위한 나의 다짐
1. 나 자신과 다른 사람을 모두 사랑하는 마음을 길러야겠다.
2. 우리 반 친구들 사이에 있는 마음의 장벽을 없애기 위해 나부터 배려하는 마음, 화합하는 마음을 가져야겠다.
3. 마음이 맞는 친구들과 봉사 동아리를 만들어 직접 봉사를 다녀야겠다.

세계 대통령들에게 배울 점,
세계의 대통령

독서활동보고서 | 12

책이름	세계의 대통령		
지은이	우리누리	출판사	대교출판
나의 꿈	대통령	읽은날	12월 13일

인물 소개 나라를 위기에서 구하거나 부강하고 평화롭게 한 대통령들이 나와 있다. 덩 샤오핑(중국), 헬무트 콜(독일), 라빈(이스라엘), 대처(영국), 드골(프랑스), 넬슨 만델라(남아공), 루즈벨트(미국), 바웬사(폴란드) 등이다.

기억에 남는 부분 덩 샤오핑과 넬슨 만델라, 루즈벨트의 이야기가 가장 기억에 남는다. 덩 샤오핑과 루즈벨트는 과감한 개혁 정책을 펼쳤다. 덩 샤오핑은 중국 경제를 자유롭게 해서 경제 발전을 이루었고, 루즈벨트는 뉴딜정책을 펼쳐서 미국을 위기에서 구해냈다. 넬슨 만델라는 인종차별에 반대하여 27년이나 옥살이를 했는데도 뜻을 굽히지 않고 나중에는 노벨평화상도 받고 남아프리카공화국 최초의 흑인 대통령이 되었다. 과감함과 결단, 뜻을 굽히지 않는 신념 등을 꼭 배워야겠다는 생각이 들었다.

꿈을 이루기 위한 나의 다짐 1. 학급 반장과 학생회장이 될 수 있도록 리더십을 길러야겠다.
2. 공부를 열심히 하고 책을 많이 읽어야겠다.
    (성적 95점 이상, 책 일주일에 1권 읽기)
3. 마음을 담아 연설하는 능력을 기르고 자신감 있게 말하도록 해야겠다.

초특급 베스트셀러 작가
조앤 롤링

독서활동보고서 | 13

책이름	조앤 롤링		
지은이	김유리	출판사	살림어린이
나의 꿈	작가	읽은날	1월 28일

인물 소개 조앤 롤링은 전 세계 어린이들이 가장 많이 읽었다고 하는 〈해리 포터〉 시리즈를 쓴 바로 그 작가이다. 조앤은 어렸을 때부터 책을 좋아했고, 작가가 되겠다는 꿈을 키웠다. 그런데 가난한 생활을 하게 되고 혼자 아이도 키우게 되면서 힘든 시기를 겪는다. 하지만 그 꿈을 포기하지 않고 상상력을 마음껏 펼쳐 결국 초특급 베스트셀러인 〈해리 포터〉 이야기를 쓰게 되었다.

기억에 남는 부분 가장 인상 깊었던 장면은 그녀가 남편과 이혼을 한 뒤 혼자 아이를 키우면서 잠깐이라도 여유가 되면 카페에 가서 글을 쓰는 장면이다. 나라에서 주는 생활비로 겨우 생활을 하면서도 글쓰기를 포기하지 않는 모습이 대단하게 느껴졌다. 이렇게 힘든 시기를 거친 후 마침내 〈해리 포터와 마법사의 돌〉을 완성했다. 하지만 그녀의 작품을 알아주는 출판사는 한군데도 없었고, 겨우 어떤 출판사를 만나 책을 펴내게 되었다. 그런데 그 책이 베스트셀러가 됐다.

꿈을 이루기 위한 나의 다짐 1. 작가의 꿈을 이룰 때까지 포기하지 않겠다. 조앤 롤링처럼 꿈이 이루어진다고 믿고 기회가 올 때까지 준비하며 기다리겠다.
2. 학교에서 숙제로 내 준 글이나 대회에 나가는 글뿐만 아니라 어떤 글을 쓰더라도 대충 쓰지 않고 항상 열심히 쓰겠다.
3. 어린이와 어른이 모두 읽을 수 있는 책을 쓰겠다.

어려운 환경을 극복한 대발명가
장영실

독서활동보고서 | 14

책이름	장영실		
지은이	고정욱	출판사	중앙M&B
나의 꿈	발명가	읽은날	2월 15일

인물 소개 장영실은 조선 최고의 과학자로 노비로 태어났지만 세종대왕이 그 재능을 알고 궁으로 불러 여러 가지 발명을 하도록 했다. 그는 물시계, 자격루 혼천의, 옥루, 앙부일구, 측우기, 수표, 갑인자까지 만들었다.

기억에 남는 부분 장영실이 동래현에 노비로 있을 때, 이방이 노비를 불렀는데 관청이 너무 넓어 제대로 듣지 못한 노비들이 혼나는 것을 보았다. 그래서 이방이 있는 곳에서 노비들이 있는 곳까지 줄을 연결시키고 그 끝에 소방울을 달아 이방이 할 말이 있을 때마다 줄을 당기면 노비가 방울 소리를 듣고 달려오게 했다. 장영실이 머리가 아주 좋다는 생각을 했고, 문제를 해결하려는 적극적인 태도가 인상적이었다.

꿈을 이루기 위한 나의 다짐
1. 궁금한 것, 연구해 보고 싶은 것이 있으면 끝까지 해 보겠다.
2. 발명가의 꿈을 절대 포기하지 않고 어려운 환경에서도 꿋꿋하고 성실하게 연구를 하겠다.
3. 사람들이 편리하게 쓸 수 있고 생활에 도움이 되는 발명을 하겠다.

3장

미쳐야 미친다!
관심분야에 몰두한
독서활동보고서

어린이들의 관심분야에는 스포츠, 패션, 요리, 건축, 곤충, 동물, 발명, 우주, 환경, 게임 등이 있습니다. 관심분야의 책을 읽고 독서활동보고서를 쓸 때는 이미 알고 있는 내용보다 책을 통해 알고자 하는 바와 새롭게 알게 된 사실을 중심으로 씁니다. 그리고 이를 바탕으로 앞으로 관심분야와 관련해 어떤 활동을 할 것인지, 또는 어떤 책을 더 읽고 싶은지 계획을 씁니다.

이렇게 써요

관심분야의 책을 읽을 때는 미리 질문을 만들어 놓고, 읽으면서 그 질문의 답을 찾아봅니다. 처음부터 끝까지 꼼꼼하게 읽기보다 질문 중심으로 찾아가며 읽고 그 내용을 정리합니다.

알고 싶은 점과 앞으로의 계획 중심으로 쓰기

:: 알고 싶은 점
책을 통해 무엇을 알고 싶은지 구체적으로 씁니다. 알고 싶은 점을 정할 때는 책의 목차와 머리말, 표지글 등을 읽고 미리 질문을 만들어야 합니다.

:: 알게 된 점
질문의 답을 핵심만 간단히 정리합니다. 내용이 많지 않도록 중요한 것 위주로 순서대로 정리합니다.

:: 앞으로의 활동 계획
나의 꿈과 연관 지어 활동 계획을 써 봅니다. 생활 속에서 실천할 행동 지침과 앞으로의 도전을 모두 써 봅니다. 만약 내 꿈이 패션디자이너라면, 책의 내용 중에 어떤 활동을 도전해 보고 싶은지, 언제 어떻게 그것을 하고 싶은지 구체적으로 쓰는 것입니다.

발명 아이디어 노트를 만들자!
우연한 발견을 위대한 발명으로

독서활동보고서 | 1

책이름	우연한 발견을 위대한 발명으로		
지은이	최달수	출판사	김영사
관심분야	발명	읽은날	2월 1일

알고 싶은 점 (1) 어떻게 우연한 발견이 발명으로 이어질까?
(2) 비단은 어떻게 발명되었을까?
(3) 왜 전쟁 때 발명품들이 많이 발명될까?

알게 된 점 (1) 왜 그런 일이 벌어졌는지 의문을 품고 꾸준히 연구하면 된다.
(2) 4천년 전 중국의 왕비가 뜰을 거닐다 누에가 고치를 만드는 것을 보고 그 실로 옷감을 짜 보기로 했는데, 성공해서 비단이 되었다.
(3) 전쟁에서 이기기 위해 새로운 무기를 발명하다가 여러 가지 기술을 발달시키게 되고 나중에 그걸 응용해서 생활에도 쓸 수 있는 발명품이 만들어지는 것이다.

앞으로의 활동계획 1. 주변을 잘 관찰하고 책도 많이 읽어서 창의력을 좋게 하고 아이디어를 계속 생각해 낸다.
2. 발명아이디어노트를 만들어 아이디어가 떠오를 때마다 적어 둔다.
3. 아이디어를 발전시켜 직접 발명품을 만들어 본다. (2달에 1개 정도)
4. 발명가들의 위인전을 읽고 어떻게 연구하고 발명했는지 더 알아본다.
5. 발명대회에 참가하여 꼭 1등을 한다.

세계 구호를 위해 봉사활동하기!
지도 밖으로 행군하라

독서활동보고서 | 2

책이름	지도 밖으로 행군하라		
지은이	한비야	출판사	푸른숲
관심분야	긴급구호	읽은날	3월 11일

알고 싶은 점
(1) 긴급구호란 무엇일까?
(2) 긴급구호를 하려면 어디로 가야 할까?
(3) 어떤 사람이 긴급구호를 잘할 수 있을까?

알게 된 점
(1) 긴급구호란, 전쟁터나 자연 피해를 크게 입은 곳, 큰 재난이 일어난 곳에 가서 사람들을 구하고 필요한 물자를 전해 주는 봉사 활동이다.
(2) 긴급구호를 하려면 긴급구호가 필요한 곳으로 가야 한다. 한비야는 아프가니스탄, 말라위, 잠비아, 이라크, 네팔, 팔레스타인 등 가난한 나라, 전쟁이 끊이지 않는 나라로 갔다.
(3) 긴급구호를 하려면 사람을 사랑하는 마음이 있어야 하고, 영어를 쓸 줄 알아야 하고, 성격이 긍정적이어야 한다.

앞으로의 활동계획
1. 긴급구호를 떠나면 다른 나라에서 온 사람들과 말이 통해야 하기 때문에 영어 공부를 좀 더 열심히 한다.
2. 월드비전에 가입하여 매달 내 용돈에서 기부를 하고, 우리나라에서 하는 봉사 활동에도 열심히 참여한다.
3. 신문의 국제면을 자주 읽어서 어느 나라에 어떤 문제가 있고 어떤 피해가 있는지 알아보고 스크랩을 해 둔다.

세포 관찰일기 쓰기!
나는 어디에서 왔을까?

독서활동보고서 | 3

책이름	나는 어디에서 왔을까?		
지은이	알베르 자카르	출판사	다섯수레
관심분야	유전학	읽은날	4월 15일

알고 싶은 점
(1) 어떻게 유전이 될까?
(2) 착한 성격, 수학 성적도 유전이 될까?
(3) 부모님이 난치병이면 자식도 난치병에 걸릴까?

알게 된 점
(1) 정자와 난자가 결합하여 세포가 만들어지는데, 정자와 난자에 각각 아버지, 어머니의 유전자가 절반씩 들어 있다. 그래서 자식은 부모에게 반반씩 유전자를 받게 된다.
(2) 특정한 성격이나 재능은 유전되지 않는다. 대신 신체적인 특성, 뇌의 발달은 유전이 된다. 특정한 성격이나 재능은 환경적인 영향이 크다.
(3) 꼭 그렇지는 않다. 양쪽 부모에게서 전부 난치병 유전인자를 받으면 병에 걸리지만 어느 한쪽에서만 받으면 병에 걸리지 않는다.

앞으로의 활동계획
1. 세포에 대해 자세하게 나온 책 읽기
2. 유전자의 특성에 대해 자세하게 나온 책 읽기
3. 현미경을 구입하여 여러 가지 세포를 관찰하고 관찰일기 쓰기
4. 멘델처럼 완두콩을 재배하여 그 유전자에 어떤 성질이 있는지 실제로 확인하여 유전일기 쓰기

탐험계획서 세우기!
탐험가 난센

독서활동보고서 | 4

책이름	탐험가 난센		
지은이	민병산	출판사	창작과비평사
관심분야	탐험	읽은날	5월 12일

알고 싶은 점
(1) 탐험가가 되려면 어린 시절을 어떻게 보내야 할까?
(2) 탐험을 잘하려면 어떤 능력이 있어야 할까?
(3) 난센이 세운 북극탐험계획은 무엇일까?

알게 된 점
(1) 캠핑을 자주 가고, 여러 가지 운동을 배워 둔다.
(2) 탐험은 자연 속에서 이루어지므로 침묵을 잘 견디어야 하고 물자가 부족하더라도 이겨내는 습관을 길러야 한다. 즉, 침묵과 결핍을 견디어야 한다.
(3) 얼음의 압력을 이겨낼 만큼 튼튼한 배를 만들어서, 그 배를 타고 배가 얼음에 포위되어 꽁꽁 얼어붙을 때까지 시베리아 해안에서부터 북쪽으로 나아간다. 그러면 북극을 지나 다시 남쪽으로 흘러내려 그린란드 근처의 바다에 다다르게 될 것으로 예상하였다.

앞으로의 활동 계획
1. 주말과 방학을 이용하여 우리나라에 있는 산 전부 오르고 일기 쓰기
2. 여름휴가 때 수련장에서 캠핑하기
3. 세계의 오지에 대한 책 읽고 정보 모으고 탐험계획 세워 보기
4. 세계의 자연환경에 대한 책 읽기

야구 기록표 만들기!
야구 교과서

독서활동보고서 | 5

책이름	야구 교과서		
지은이	잭 햄플	출판사	보누스
관심분야	야구	읽은날	6월 20일

알고 싶은 점
(1) 타율은 어떻게 계산하는 걸까?
(2) 투수가 던지는 공의 종류에는 무엇이 있을까?
(3) 메이저리그는 어떤 곳일까?

알게 된 점
(1) 타율은 타자가 타석에 들어서서 실제로 공을 친 것 중에 안타를 친 비율이다. 타석에 들어섰는데 만약 볼넷이거나 데드볼이면 타수에서 제외한다. 예를 들어 4타수 2안타이면 4÷2이므로 타율은 0.5이다.
(2) 투수가 던지는 공의 종류는 매우 많다. 체인지업, 패스트볼, 커브볼, 슬라이더, 스크루볼, 너클볼, 스핏볼, 스플릿핑거 패스트볼 등이 있다.
(3) 메이저리그는 미국의 프로야구대회이다. 아메리칸리그와 내셔널리그로 나뉘는데, 두 대회에서 우승한 팀이 월드시리즈에서 최종 우승팀을 가린다.

앞으로의 활동계획
1. 투수가 던지는 공의 종류와 그 방법을 정리하여 나만의 책을 만든다.
2. 기록 노트를 만들어 우리나라 투수들과 타자들의 기록을 표로 정리해 본다.
3. 친구들과 아마추어 야구단을 만들어 일요일에 야구 연습을 하고 기록을 체크해 본다.
4. 야구의 역사에 대한 책을 찾아 읽고, 유명한 야구 선수(예를 들어 베이브 루스)의 위인전도 읽어 본다.

설계 아이디어 노트 만들기!
숨 쉬는 도시 꾸리찌바

독서활동보고서 | 6

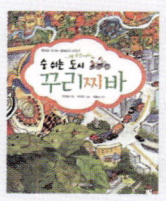

책이름	숨 쉬는 도시 꾸리찌바		
지은이	안순혜	출판사	파란자전거
관심분야	건축	읽은날	7월 27일

알고 싶은 점
(1) 꾸리찌바는 어떤 도시일까?
(2) 꾸리찌바의 원통형 정류장은 어떤 것일까?
(3) 누가 꾸리찌바를 멋지고 행복한 도시로 만들었을까?

알게 된 점
(1) 꾸리찌바는 브라질에 있는 생태도시이다. 생태도시란 에너지와 자원을 절약하고 재활용하여 깨끗한 환경 속에서 사람들이 행복하게 살 수 있도록 만든 친환경적인 도시이다.
(2) 꾸리찌바는 교통이 아주 잘 되어 있다. 지하철이 없는 대신 버스가 지하철처럼 다닌다. 먼저 버스가 길고, 정류장이 지하철역처럼 미리 표를 내고 들어갈 수 있게 되어 있고, 모양이 원통형이다. 또 버스를 갈아탈 수도 있다.
(3) 꾸리찌바를 계획하고 행복한 도시로 만든 사람은 하이메 레르네르이다. 그는 건축가 출신이고 매우 창의적인 사람이다.

앞으로의 활동 계획
1. 건축 설계에 대한 아이디어를 기록하는 설계 아이디어 노트를 만든다.
2. 우리나라의 현대 건물 중에서 설계가 잘 되어 있는 건물을 찾아 직접 답사를 해 본다.
3. 외국의 건물 중에서 뛰어나다고 평가받는 건물들을 조사하여 관련 책이나 잡지를 읽어 본다.

미래의 우주인 준비하기!
화성인이 오고 있다

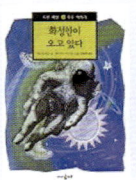

책이름	화성인이 오고 있다		
지은이	앤드류 돈-킨	출판사	아이세움
관심분야	우주비행	읽은날	8월 8일

알고 싶은 점
(1) 우주인이 꼭 알아야 하는 상식에는 무엇이 있을까?
(2) 우주인이 되려면 어떻게 해야 할까?
(3) 화성인이 지구에 오면 어떻게 해야 할까?

알게 된 점
(1) 우주여행을 할 때는 꼭 여권을 지녀야 한다. 우주에 있는 동안은 꼭 우주복을 입어야 한다. 우주에서는 식욕이 떨어지므로 밥을 잘 챙겨 먹어야 한다. 우주의 화장실은 진공 화장실이라 물을 내릴 필요가 없다 등
(2) 우주인이 되려면 체력을 길러야 하고, 러시아어와 영어를 잘해야 하고, 과학 지식이 풍부해야 한다. 도전, 모험심, 끈기, 집념도 있어야 한다.
(3) 진짜 화성인이 올 가능성은 없다. 왜냐 하면 화성에는 생명체가 없기 때문이다. 책에 나온 화성인이 오고 있다는 내용은 알고 보니 라디오에서 방송한 드라마였다. 그런데 사람들이 진짜 화성인이 오는 줄 알고 피난을 떠났다는 얘기였다.

앞으로의 활동계획
1. 기초 체력 단련을 위해 줄넘기(매일), 달리기(주말), 평행봉(주말)을 하고, 기록과 향상된 정도를 노트에 정리하기
2. 우주, 생물, 암석, 화학을 주제로 한 과학책을 합하여 100권 읽기

한복 디자인 노트 만들기!
민속학자 석주선의 우리 옷 나라

독서활동보고서 | 8

책이름	민속학자 석주선의 우리 옷 나라		
지은이	석주선	출판사	현암사
관심분야	패션	읽은날	9월 9일

알고 싶은 점
(1) 여자 한복은 시대마다 어떻게 달라졌을까?
(2) 한복의 장식품에는 무엇이 있을까?
(3) 한복의 중요한 특징은 무엇일까?

알게 된 점
(1) 고구려 시대에는 치마와 저고리를 입고, 깃, 도련에는 강한 색 선이 둘러져 있었다. 고려 시대에는 남자와 비슷해졌는데, 모시 도포를 입고 밑에 너른바지를 입었다. 조선시대에는 매가 길어지고, 깃과 섶이 넓어졌다.
(2) 매듭으로 만든 주머니, 노리개, 은장도 등
(3) 한복은 몸을 조이지 않는 걸치는 옷이다. 바지는 허리에, 치마는 가슴에, 저고리는 어깨에 걸쳐 몸을 편하게 한다. 또 선이 아름답고 색이 화사하며 수를 놓아 화려하다.

앞으로의 활동 계획
1. 여러 가지 한복 사진 수집하여 스크랩하기
2. 한복 디자인 노트를 만들어 새로운 한복 스타일이 떠오르면 그림으로 그려 두기
3. 방학을 이용하여 바느질을 배우고 인형 한복을 직접 만들어 보기

쓰레기배출량 조사하기!
우리가 살고 있는 지구 이야기

독서활동보고서 | 9

책이름	우리가 살고 있는 지구 이야기		
지은이	존 니콜슨	출판사	창조문화
관심분야	환경	읽은날	10월 6일

알고 싶은 점
(1) 고기를 먹는 게 왜 환경 파괴일까?
(2) 어째서 부자 나라가 지구 환경에 더 많은 피해를 준다는 걸까?
(3) 쓰레기 문제를 해결하기 위해 어떻게 해야 할까?

알게 된 점
(1) 고기를 얻기 위해서는 가축을 길러야 하는데, 그러려면 땅을 개간하여 농장을 만들어야 한다. 이때 숲이 파괴되고, 가축을 먹이기 위해 전 세계 곡물의 절반을 써야 하며, 가축의 배설물이 땅과 공기를 오염시킨다.
(2) 부자 나라 사람들은 전 세계 돈의 80%를 가지고 있고, 세계 자원의 80%를 쓴다. 그것은 공해 물질과 쓰레기를 만든다. 회사가 많아서 종이를 써도 엄청 쓰는데, 그 종이를 만들려면 나무를 베어야 하는 것이다.
(3) 비닐로 된 일회용품은 절대 쓰지 말고, 분리수거를 철저하게 한다. 샴푸 같은 것은 리필이 되는 것을 사고, 재활용마크가 표시된 상품을 산다.

앞으로의 활동계획
1. 우리 집 쓰레기 배출량 조사하여 노트에 기록하기
2. 화장지 많이 쓰지 않기
3. 종이를 쓸 때 남김없이 꼼꼼히 쓰고 쓸데없이 낙서하지 않기

애완동물 관찰일기 쓰기!
침팬지와 함께 한 내 인생

독서활동보고서 | 10

책이름	제인 구달, 침팬지와 함께한 내 인생		
지은이	제인 구달	출판사	사이언스 북스
관심분야	동물행동학	읽은날	11월 5일

알고 싶은 점
(1) 동물행동학이란 무엇일까?
(2) 제인 구달은 어떻게 침팬지 연구를 했을까?
(3) 침팬지의 행동 특성은 무엇일까?

알게 된 점
(1) 동물의 행동을 연구하는 과학이다. 개, 고양이, 토끼, 쥐, 말, 해파리, 곤충, 개구리, 도마뱀, 물고기, 새 등 모든 동물을 연구하는 것이다. 동물들의 생활 방법, 행동 특성 등을 오랜 시간 직접 관찰한다.
(2) 제인 구달은 어려서부터 야생동물을 좋아했는데, 대학에 가는 대신 아프리카로 직접 가서 야생동물을 연구했고, 특히 침팬지들과 함께 살면서 행동들을 하나하나 꼼꼼히 관찰하고 기록했다.
(3) 밤에 잠을 자고 나뭇가지를 이용해 잠자리를 만들고 베개도 만듦, 우두머리가 있고 위계질서가 매우 강함, 도구를 사용해 먹이를 먹음 등

앞으로의 활동 계획
1. 개와 고양이를 한 마리씩 기르면서 매일 관찰일기 쓰기
2. 동물들의 행동에 관해 나와 있는 책을 더 찾아서 읽기 - 특히 개와 고양이

나 자신을 돌아보다!
인상 깊게 읽은 책 독서활동보고서

책은 거울과도 같습니다. 거울을 보면서 얼굴이나 몸을 살피는 것처럼 책을 읽고 우리의 정신과 내면을 돌아볼 수 있기 때문입니다. 책 속 주인공의 행동이 나를 반성하게 하기도 하고, 책 속에 적힌 한 구절이 내 인생의 지침이 되기도 하지요. 책을 읽고 인상적인 장면이나 기억에 남는 구절이 있으면 이를 토대로 독서활동보고서를 작성해 보세요.

이렇게 써요

책을 읽으면서 등장인물들의 갈등이 최고조가 되는 부분, 그 갈등이 해결되는 부분 등 인상적인 장면을 표시해 두거나, 좋은 구절, 마음에 드는 구절이 나오면 밑줄을 그어 둡니다.

🔸 인상적인 부분과 감상 쓰기

:: **줄거리 요약하기**
책의 내용을 주요 사건 중심으로 3~4줄 내외로 요약합니다.

:: **인상적인 부분 요약하기**
메모를 바탕으로 인상적인 부분을 두세 장면으로 나누어 일이 일어난 순서대로 요약합니다.

:: **생각과 느낌 쓰기**
그 부분에 대해 어떻게 생각하는지, 등장인물의 행동이나 말 등을 나의 경우와 견주어 써 봅니다.

🔸 기억에 남는 구절과 감상 쓰기

:: **줄거리 요약하기**
책의 내용을 주요 사건 중심으로 3~4줄 내외로 요약합니다.

:: **기억에 남는 구절 쓰기**
책에 나온 구절을 그대로 옮기고, 페이지도 적어 봅니다.

:: **생각과 느낌 쓰기**
그 구절의 의미는 무엇이고, 읽으면서 어떤 생각을 했는지 자신의 평소 생각과 견주어 써 봅니다.

우리들의 사랑의 학교는?
사랑의 학교 1

독서활동보고서 | 1

책이름	사랑의학교 1		
지은이	E. 아미치스	출판사	창작과비평사
분류	세계명작	읽은날	3월 7일

줄거리   바렛띠 학교의 4학년 아이들의 이야기이다. 주인공 엔리꼬와 모범생 데롯씨, 제일 키가 크고 나이도 많은 가르로네, 장작을 나르는 꼬렛띠 등의 이야기가 나온다. 갈등이 생기기도 하지만 결국에는 서로 이해하고 배려하며 정답게 지낸다.

인상적인 부분   못된 친구 프란띠에게 놀림을 받은 끄롯씨가 홧김에 잉크병을 던졌는데 선생님이 맞고 말았다. 선생님은 누구 짓이냐며 화를 냈고, 그때 가르로네가 벌떡 일어나 자신이 한 일이라고 했다.

생각과 느낌   용감한 가르로네는 가난하다고 놀림받는 끄롯씨를 보호하기 위해 자신이 대신 죄를 뒤집어썼다. 나중에 선생님도 모든 사실을 알고 끄롯씨를 놀린 아이들에게 충고를 한다.

    가르로네의 행동은 나를 몹시 부끄럽게 하였다. 나는 나랑 비슷하고 친한 친구에게는 잘해 주지만, 그렇지 못한 친구들은 나도 모르게 좀 무시한다. 공부를 못하거나 옷이 지저분하면 그렇다. 그 친구를 친절하게 대하거나 존중하는 것은 물론 불쌍하게 여긴 적도 없다. 이런 냉정한 내 모습을 보니 인성이 비뚤어진 것 같다는 생각도 든다. 누구에게나 따뜻하고 친절한 사람이 되어야겠다.

나를 찾아가는 모험, 까마귀 알퐁스

독서활동보고서 | 2

책이름	까마귀 알퐁스		
지은이	에르빈 모저	출판사	계림북스쿨
분류	철학우화	읽은날	4월 1일

줄거리 사람이 되고 싶은 까마귀 알퐁스가 마법사 몰도반과 모습을 바꾸었다가 다시 원래의 모습으로 돌아오는 이야기이다. 모험을 하는 과정에서 알퐁스는 자기 자신으로 사는 것이 더 의미 있는 일이라는 것을 깨닫는다.

기억에 남는 구절 "사람들은 모두 악의 화신이야. 도대체 믿을 수가 없어! 그들은 다른 사람을 손아귀에 넣고 마음대로 부려 먹든가, 아니면 누군가에 의해 부림을 당하는 족속일 뿐이야. 이 세상에서는 누가 누구보다 얼마나 더 강한지가 중요한 관건이지. 그것만이 유일한 진실이야!"

생각과 느낌 나쁜 마법사 구구마츠가 한 말이다. 구구마츠가 인간을 괴롭히는 것을 변명하기 위한 말이지만, 이 부분을 읽을 때 사실 조금 뜨끔하였다. 사람들 중에는 분명 힘이 세다고 약한 사람을 괴롭히고 지배하는 경우가 있기 때문이다.
　하지만 구구마츠는 더 나쁘다고 생각한다. 악한 사람들이 있다고 해서 악한 행동을 하는 것이 용납되는 것은 아니기 때문이다. 그리고 역사를 보면 강함보다 부드러움이 이기는 경우도 많았다. 이런 좋은 점은 보지 못하고 자신의 못된 심성을 반성하기는커녕 남의 탓으로 돌리는 것은 옳지 않다.

야생의 아름다움
검은 여우

독서활동보고서 | 3

책이름	검은 여우		
지은이	배치 바이어스	출판사	사계절
분류	외국창작	읽은날	4월 27일

줄거리 내성적인 도시 아이 톰이 이모네 시골 농장에서 여름방학을 보내면서 겪은 일을 쓴 이야기이다. 어느 날 톰이 야생 여우를 보게 되는데, 그 기쁨도 잠시 이모부가 여우 사냥에 나선다. 톰은 용기를 내어 이모부가 잡은 새끼 여우를 풀어 주고 어미 여우와 떠나도록 도와준다.

인상적인 부분 지루한 농장 생활을 하던 톰이 우연히 검은 여우를 보는 순간이 인상적이었다. 톰은 검은 여우의 자유로운 모습을 보고 넋을 잃는다. 이 일로 톰은 자연을 보고 감동하는 마음을 갖게 된다.

생각과 느낌 야생의 아름다움에 대해 생각해 보았다. 농장의 가축들은 인간에게 길들여져 있기 때문에 자유롭다는 느낌이 없다. 그런데 검은 여우는 야생에서 살기 때문에 자유와 생명이 느껴진다. 이것이 바로 야생의 아름다움인 것 같다. 야생의 아름다움은 우리에게 커다란 기쁨을 준다. 그래서 톰도 이모부의 검은 여우 사냥에 동참하지 않았고 결국 이모부가 잡은 새끼 여우를 풀어 준 것이다.

그런데 언제쯤이면 우리 인간과 야생의 동물들이 자연스러운 만남을 가질 수 있을까? 인간이 먼저 야생의 아름다움을 파괴하지 않는다면 그런 날이 꼭 올 것이다.

신라의 마지막 혼
마지막 왕자

독서활동보고서 | 4

책이름	마지막왕자		
지은이	강인숙	출판사	푸른책들
분류	역사동화	읽은날	5월 19일

줄거리 신라의 마지막 왕인 경순왕의 아들, 마의태자의 이야기이다. 마의태자는 신라의 명운이 다해가는 것을 알고 있었지만 고려에 항복하지 않고 신라의 정신을 지키기 위해 군사를 훈련한다. 신라의 마지막 왕자로 남기로 결심했기 때문이다. 하지만 결국에는 신라가 고려로 넘어가고 마의태자의 꿈도 사라진다.

기억에 남는 구절 "이기고 지는 것은 중요하지 않다."

생각과 느낌 이 말의 뜻은 이런 것이다. 이길 가능성이 있는가 없는가는 중요하지 않다. 중요한 것은 정신, 즉 혼이 살아 있는 것이다. 신라가 망해도 신라의 정신이 살아 있다면 신라는 언제까지나 기억될 것이다. 그러나 망하기도 전에 모두 항복하여 신라의 혼까지도 죽어버리고 만다면 신라의 멸망을 가슴 아파하는 사람은 아무도 없을 것이다.

그런데 나는 이기고 지는 것도 중요하다는 생각이 든다. 될 수 있으면 이기는 것이 좋지 않을까? 이겨야 꿈도 펼칠 수 있고 자신도 더 발전할 수 있기 때문이다. 하지만 마의태자의 말처럼 이기고 지는 결과보다 더 중요한 것은 이기려는 마음과 정신일 것이다. 그러면 지금 지더라도 언젠가는 반드시 이길 것이기 때문이다.

원수를 사랑으로 갚는 용기
마당을 나온 암탉

독서활동보고서 | 5

책이름	마당을 나온 암탉		
지은이	황선미	출판사	사계절
분류	국내창작	읽은날	6월 9일

줄거리 양계장의 암탉 잎싹이 꿈과 소망을 이루는 이야기이다. 잎싹의 소원은 닭장을 나가 알을 품고 병아리의 탄생을 보는 것이다. 잎싹은 우연히 야생 오리의 알을 품게 되고 마침내 그 꿈을 이룬다. 하지만 야생 오리는 청둥오리였고 잎싹은 사랑하는 아기 오리를 무리로 보내 준다.

인상적인 부분 마지막 장면이 기억에 남는다. 잎싹이 족제비에게 잡아먹히는 장면이다. 정확히 말하면 잎싹이 족제비에게 자기 몸을 먹이로 주는 장면이다.

생각과 느낌 잎싹과 족제비는 원수지간이다. 그런데 잎싹이 족제비에게 자기 몸을 먹이로 준다. 그 이유는 족제비가 새끼를 키우느라 몹시 힘들다는 걸 알았기 때문이다. 자기도 초록머리를 키울 때 얼마나 힘들었는지 생각하면서 같은 엄마로서 족제비의 마음을 이해해서 그런 것 같다.

그래도 어떻게 잡아먹히는 것을 받아들일 수 있을까? 내가 잎싹이라면 당연히 힘 빠진 족제비를 응징했을 것이다. 그 동안 너무 많이 괴롭힘을 당했기 때문이다. 희생은 정말 아무나 하는 게 아닌 것 같다. 원수를 사랑으로 갚는 잎싹의 행동이 위대하게 느껴진다.

순수하고 진실한 화가
천재 화가 이중섭과 아이들

독서활동보고서 | 6

책이름	천재 화가 이중섭과 아이들		
지은이	강원희	출판사	예림당
분류	인물 이야기	읽은날	7월 2일

줄거리 화가 이중섭의 일생을 담은 위인전이다. 그는 황소 그림, 발가벗고 노는 아이들 그림을 많이 남겼다. 그런데 한국전쟁 때 가족들과 헤어져 지내면서 매우 가난하고 힘든 생활을 했다. 결국 그렇게 살다가 외롭게 돌아가셨다.

기억에 남는 구절 "좋은 그림은 산골 농부도 아는 거야."

생각과 느낌 그림에 소질이 없는 나로서는 그림을 보면 어렵다는 생각만 든다. 무엇을 어떻게 이해해야 할지 언제 보아도 잘 모르겠다. 그런데 이 구절을 읽는 순간 그림을 어렵다고 생각하는 것 자체가 문제라는 걸 알았다. 왜냐 하면 이중섭 아저씨의 말처럼 좋은 그림이란 산골 농부도 알 정도로 쉽고 친근한 그림일 테니까 말이다.

그렇다면 괜히 그림을 어려워하지 말고 화가의 진실된 마음, 내 경험과 비슷한 부분을 찾아보면서 감상하면 쉽게 이해할 수 있을 것 같다. 그리고 그림을 그리는 화가들도 보는 사람 입장에서 생각해 보았으면 좋겠다. 뭘 그린 그림인지도 모르게 그냥 생각대로 막 그리지 말고 진실되고 순수한 마음을 전할 수 있는 그림을 그려서 보는 사람을 감동시켰으면 좋겠다.

영원히 사는 삶은 행복할까?
트리갭의 샘물

독서활동보고서 | 7

책이름	트리갭의 샘물		
지은이	나탈리 배비트	출판사	대교출판
분류	외국창작	읽은날	9월 16일

줄거리   영원히 살 수 있는 샘물을 마시고 죽지 않고 떠돌이 생활을 하는 터크 씨네 가족이 위니를 만나면서 벌어지는 이야기이다. 샘물의 존재를 알게 된 남자가 그 비밀을 이용해 돈을 벌려고 하자 위니와 터크 가족이 막는다. 그런데 위니는 샘물을 마시지 않고 죽는 삶을 택한다.

인상적인 부분   터크 씨네 가족이 위니의 무덤을 보는 장면이다. 위니는 영원히 살 수 있는 트리갭의 샘물을 마시지 않고 결국 다른 사람들처럼 죽어 땅 속에 묻힌 것이다.

생각과 느낌   내가 위니였으면 어떤 선택을 하였을까? 영원히 살 수 있는 샘물을 마시지 않고 죽음을 선택했을까? 잘 모르겠다. 책 속에서는 터크 씨가 위니에게 영원히 살면 좋지 않은 점이 많다고 말한다. 정말 그럴까? 그럴 것 같기도 하지만 죽는 것보다는 낫지 않을까?

    영원히 산다면 하고 싶은 것을 다 할 수 있으니까 좋을 것 같다. 하지만 늙지도 않고 죽지도 않아 사람들이 이상하게 생각할 테니 터크네 가족처럼 한 곳에 오래 머물러 살지 못할 것도 같다. 그럼 정말 외로울 것이다. 삶과 죽음의 문제는 아주 어렵다. 지금 답을 내리기 곤란하다.

죽어서는 배울 수 없는 것!
0에서 10까지 사랑의 편지

독서활동보고서 | 8

책이름	0에서 10까지 사랑의 편지		
지은이	수지 모건스턴	출판사	비룡소
분류	외국창작	읽은날	8월 21일

줄거리 열한 살 어네스트는 할머니와 단 둘이 살고 있는데, 모범생에다 애늙은이다. 그런데 어느 날 씩씩하고 활발한 빅투아르를 만나게 되면서 조금씩 변한다. 세상의 즐거움을 알고 삶의 기쁨을 알게 된 것이다. 나중에는 헤어진 아빠와도 만난다.

기억에 남는 구절 "사람은 언제든지 살아가는 법을 배울 수 있어. 나도 살아가는 법을 배우고 싶어. 죽어서는 너무 늦을 테니까."

생각과 느낌 그렇다. 죽어서는 사는 법을 배울 수 없다. 사람은 한 번 죽으면 이 세상과는 영영 이별이다. 사랑하는 엄마, 아빠, 동생, 언니, 친구들, … 모두 볼 수 없다. 또 하고 싶은 것도, 좋아하는 것도 할 수 없다. 어네스트는 살아도 사는 것처럼 살지 않았다. 매일 똑같은 생활만 했다.

그러다 빅투아르라는 여자친구를 만나면서 삶의 즐거움을 알게 된다. 또 사람들과 어울리는 법도 알게 된다. 이 책을 읽고 나는 내게 주어진 삶을 사랑하는지, 하루하루를 기쁘게 살고 있는지 돌아보게 되었다. 투덜대지 말고 불평도 덜 하면서 즐거운 마음으로 살아야겠다.

용서에는 용기가 필요하다!
장발장

독서활동보고서 | 9

책이름	장발장 (레미제라블)		
지은이	빅토르 위고	출판사	삼성출판사
분류	세계명작	읽은날	7월 31일

줄거리 19년 동안이나 감옥살이를 하고 세상에 나온 장발장을 따뜻하게 맞아주는 사람은 아무도 없었다. 그런 사람들 때문에 장발장의 마음은 비뚤어져 있었는데, 미리엘 신부에게서 사랑을 실천하는 마음을 배우고 장발장도 남에게 사랑과 용서를 베풀 줄 아는 사람이 되었다.

인상적인 부분 장발장을 끝까지 쫓았던 자베르가 장발장을 체포할 수 있는 상황에서 그를 놓아 주고는 강물에 몸을 던지는 장면이 인상에 남는다.

생각과 느낌 자베르는 정신적으로 너무 괴로워서 죽음을 선택한 것 같다. 그는 그가 해야 하는 일, 즉 형사로서 범죄자인 장발장을 체포하는 일을 그만 두고 그를 놓아 주었다. 왜냐하면 장발장이 자신을 죽게 내버려 둘 수도 있는 상황에서 자신을 구해 주었고, 또 자베르에게 자기를 체포하라고 순순히 자수했기 때문이다. 자베르도 결국 장발장의 용서하는 모습과 양심 있는 행동에 감동하여 자신의 책임을 저버렸다.

자베르의 행동에서 사랑과 용서를 받아들이고 실천하는 데는 용기가 필요하다는 생각이 들었다. 그는 결국 용기를 내지 못해 괴로워하다가 죽은 것이다.

괴롭힘을 당하는 아이의 마음
왜 나를 미워해

독서활동보고서 | 10

책이름	왜 나를 미워해		
지은이	요시모토 유키오	출판사	문학동네
분류	인성동화	읽은날	10월 25일

줄거리 요시모토 선생님이 요징이라는 아이를 지도하면서 실제로 겪은 일을 글로 쓴 것이다. 요징은 중국에서 살다가 일본으로 왔는데, 신체장애 때문에 아이들에게 해코지를 당한다. 하지만 원망하지 않고 더 이해하려고 한다. 그래서 나중에는 아이들이 요징과 친구가 되었다.

기억에 남는 구절 "나는 선생님의 이야기를 듣고 해코지를 당하는 사람의 심정을 알 수 있었습니다. 내가 다닌 저번 학교에는 기요노처럼 손도 발도 못 쓰는 아이가 있었습니다. 나는 그 아이를 자주 괴롭혔는데, 지금까지 그 아이의 마음을 생각해 본 적이 없었습니다. 하지만 이제야 해코지를 당하는 사람의 마음을 알 수 있어서 저번 학교에서 그 아이에게 나쁜 짓을 했구나 생각했습니다."

생각과 느낌 요시모토 선생님의 '사람'이란 수업을 듣고 요징네 반 아이가 쓴 글이다. 이 글을 읽으면서 글을 쓴 친구가 나랑 비슷하다는 생각을 했다. 친구가 마음에 안 든다고 싫어하고 조금 괴롭힌 것 말이다. 그런데 그것에 대해 반성을 한 적이 없다. 그 아이의 마음이 어떨 거라고 한 번도 생각해 본 적이 없다.

그런데 이 글을 읽고 나도 나쁜 짓을 했다는 생각이 들어 부끄러웠다. 그 아이한테 미안하다고 말을 하든지 편지를 써야겠다.

모든 어린이가 가고 싶은 학교
창가의 토토

독서활동보고서 | 11

책이름	창가의 토토		
지은이	구로야나기 테츠코	출판사	프로메테우스
분류	교육 동화	읽은날	11월 9일

줄거리 토토라는 여자아이가 학교에서 퇴학을 당해 도모에 학원에 다시 입학하여 벌어지는 이야기이다. 도모에 학원의 교장선생님은 아이들에게 공부를 많이 시키지도 않고 벌을 주지도 않는다. 도모에 학원은 아이들을 존중하고 아이들에게 맞는 교육을 시키는 자유롭고 특이한 학교이다.

인상적인 부분 도모에 학원에서는 수영을 할 때 모두 옷을 다 벗는다. 남자, 여자 모두 알몸으로 말이다. 이 내용을 읽을 때 약간 충격을 받았다.

생각과 느낌 교장선생님은 "어떤 몸도 모두 아름다운 것이다."라는 것을 아이들에게 가르치고 싶어서 이런 교육을 한다고 한다. 그 뜻은 좋지만 아이들이 정말 다른 친구의 알몸을 보면 기분이 이상하지 않을까?

그런데 또 곰곰이 생각해 보면, 교장선생님 말씀대로 자꾸 서로의 알몸을 보고 그냥 어울려 놀다 보면 장애를 가진 친구나 몸이 뚱뚱한 친구들도 자기 몸을 부끄러워하지 않고 자신감을 가질 수 있을 것 같다는 생각이 들었다. 자꾸 몸을 가리면 열등감만 더 생기고 당당해지지 않을 테니까 말이다. 자기부터 자신감을 갖고 당당해지면 남들도 그렇게 생각하게 될 것이다.

희망을 찾아가는 여행
연어

독서활동보고서 | 12

책이름	연어
지은이	안도현
출판사	문학동네
분류	우화
읽은날	1월 3일

줄거리   은빛연어가 눈맑은연어와 함께 초록강을 거슬러 올라가 알을 낳는 이야기이다. 그 과정에서 은빛연어는 사랑과 희망, 존재의 아름다움 등에 대해서 깨닫는다.

기억에 남는 구절   "그래, 나는 희망을 찾지 못했어. 하지만 후회하지는 않을 거야. 한 오라기의 희망도 마음속에 품지 않고 사는 연어들에 비하면 나는 행복한 연어였다는 생각이 들어. 나는 지금도 이 세상 어딘가에 희망이 있을 거라고 믿어. 우리가 그것을 포기하지 않는다면 말이야."

생각과 느낌   이 책에는 감동적인 말들이 많이 나온다. 그 중에서도 위의 말이 가장 기억에 남는 이유는 나에게 용기를 주기 때문이다. 나는 최근에 어떤 것에 대한 희망을 잃은 적이 있다. 바로 수학 공부! 5학년에 들어서 갑자기 수학 성적이 쑥쑥 떨어지는 것이다. 그래서 절망하고 좌절했었다. 이 책을 읽기 바로 전까지만 해도 포기하려고 했다.

그런데 마지막에 나온 이 부분을 읽으면서 은빛연어처럼 포기하지 말고 잘할 수 있을 거라는 희망을 갖고 끝까지 도전해 보기로 했다. 더 열심히 공부해서 반드시 성적을 올릴 것이다.

5장

내 마음이 두 뼘 자랐어요! 교양을 쌓은 독서활동보고서

교양을 길러 주는 책을 읽고 독서활동보고서를 쓸 때는 지은이가 책을 통해 우리에게 전하고자 하는 지식과 가치가 무엇인지 파악해야 합니다. 이를 위해 중심 내용을 찾아 의미를 생각해 보아야지요. 그리고 생각을 발전시켜 비판적으로 판단도 해 본 뒤 그 내용을 독서활동보고서에 정리해 보세요.

이렇게 써요

어떤 분야의 책인지 먼저 확인한 뒤 배경지식을 최대한 동원해 책을 읽습니다. 만약 책의 내용 중에서 새로운 내용이나 깊이 있는 내용, 심화된 내용이 나오면 어떤 뜻인지 곰곰이 생각합니다. 그리고 이를 통해 우리 사회의 문제점을 비판하거나 사람들의 말과 행동에 대해서도 비판적으로 생각해 봅니다.

의미를 분석하고 비판하여 쓰기

:: 기본 내용 요약하기
무엇에 대한 책인지, 어떤 내용을 담고 있는지 간단히 요약합니다.

:: 교양 넓히기
책에 대해 알게 된 지식, 지은이나 배경에 대한 지식, 책의 중심 내용을 통해 지은이가 전달하고자 하는 바가 무엇인지 분석하여 써 봅니다.

:: 비판적으로 생각하기
지은이가 말하는 것들 중에서 사람들이나 우리 사회에서 잘 지키지 않는 것들을 비판하여 써 봅니다. 아니면 지은이의 생각 자체에 대해 의문을 제기했다면 어떤 점에서 문제가 있다고 생각하는지 비판해 봅니다.

그림을 감상하는 눈
야, 그림 속으로 들어가 보자

독서활동보고서 | 1

책이름	야, 그림 속으로 들어가 보자		
지은이	김서정	출판사	다림
분류	미술	읽은날	1월 29일

책 내용 그림에 대한 지식이 아니라 그림을 보는 법을 알려 주는 책이다. 그 방법으로는 상상하며 보기, 자세히 보기, 소리 들어보기, 화가의 위치 찾아보기, 어떤 점이 아름다운지 찾아보기 등이다.

교양 넓히기 신윤복의 그림을 보면 신윤복의 성격이 느껴진다. 그의 '무녀신무'를 보면 공중에서 그림을 그린 것처럼 위에서 본 장면이 그려져 있다. 위에서 보면 사람들이 남몰래 어떤 행동을 하는지 다 알 수 있다. 이 그림에서는 굿을 하는데 남자와 여자가 남몰래 눈을 맞추고 있다. 신윤복은 엉뚱하고 재미있는 사람이었을 것 같다.

비판적으로 생각하기 아름다움은 절대적인 것이 아니라 언제 어디에서 무엇을 보느냐에 따라 달라지는 것 같다. 원시인들은 끝없이 펼쳐진 자연보다는 식량인 말과 소가 더 중요해 그것을 그림으로 남겼다. 그것이 더 아름답다고 생각했던 것 같다. 이렇게 보면 세상의 모든 것은 다 아름답다고 할 수 있지 않을까?

아름다움의 기준은 사람마다 다르다. 그렇기 때문에 자기 마음에 들지 않는다고 아름답지 않다고 함부로 비판하는 것은 문제가 있다. 열린 마음으로 세상을 대했을 때 더 많은 아름다움을 발견할 수 있을 것이다.

사람의 본성은 착할까, 나쁠까?
세계우수단편모음

독서활동보고서 | 2

책이름	세계우수단편모음		
지은이	모파상 외	출판사	삼성출판사
분류	세계명작	읽은날	2월 12일

책 내용 세계의 우수 단편소설 여섯 편이 실려 있다. 〈목걸이〉, 〈마지막 잎새〉, 〈크리스마스 선물〉, 〈마지막 수업〉, 〈바보 이반〉, 〈고양이〉이다.

교양 넓히기 알퐁스 도데가 쓴 〈마지막 수업〉은 프랑스의 암울한 역사가 배경이다. 프로이센(독일)과 프랑스의 국경지대에 있는 알자스 지방이 프로이센의 지배를 받았던 시절의 이야기이다. 그래서 주인공은 더 이상 프랑스어 수업을 받지 못하게 되어 예전에 수업에 소홀했던 일을 후회하였다.

비판적으로 생각하기 〈목걸이〉에서 주인공 마틸드의 문제에 대해 생각해 보았다. 마틸드는 어렸을 때부터 예쁘고 아름답다는 찬사를 많이 들어 자연스럽게 허영심을 갖게 되었다. 그런데 가난하여 초라한 모습으로 파티에 가게 되자 친구에게 목걸이를 빌리는데 그만 잃어버리고 만다. 마틸드는 그 목걸이가 당연히 비싼 건 줄 알고 빚을 내어 새로 사다가 돌려주고 자신은 그 빚을 갚기 위해 10년 동안 온갖 고생을 한다. 그런데 알고 보니 잃어 버린 그 목걸이는 가짜였다.

만약 마틸드가 자신의 처지에 겸손했더라면 처음부터 목걸이를 빌리지도 않았을 것이고, 그것이 꼭 비싼 거라고 생각하지도 않았을 것이다. 마틸드의 욕심과 허영심이 결국 자신의 인생을 고달프게 했다.

마음을 밝혀주는 보배로운 글, 명심보감

독서활동보고서 | 3

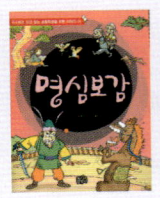

책이름	명심보감		
지은이	윤희정	출판사	스쿨김영사
분류	우리 고전	읽은날	3월 4일

책 내용 《명심보감》은 '마음을 밝혀주는 보배로운 글'이라는 뜻이다. 고려 충렬왕 때의 문신 추적이 편찬한 책인데, 처음에는 19편이던 것이, 후에 어떤 학자가 5편을 보태 총 24편이 되었다. 이 책 속에는 세상을 살아가는 사람들에게 꼭 필요한 지혜로운 말들이 실려 있다.

교양 넓히기 공자가 삼계도에 이르기를, "일생의 계획은 어릴 때에 있고, 일 년의 계획은 봄에 있고, 하루의 계획은 새벽에 있다. 어려서 배우지 않으면 늙어서 아는 것이 없고 봄에 밭 갈지 않으면 가을에 바랄 것이 없으며, 새벽에 일어나지 않으면 그 날의 할 일이 없다."고 하셨다.

비판적으로 생각하기 사람은 계획을 잘 세워야 공부든 일이든 성공할 수 있다. 공자는 이 점을 삼계도에게 말했다. 그런데 공자의 말 중에서 '일생의 계획은 어릴 때에 있다'는 말이 조금 걸린다. 이 말이 꼭 맞는 것은 아니라는 생각이 든다. 왜냐하면 자기의 재능이나 능력 등이 무엇인지 모르는 상태에서 일생의 계획을 세웠다가는 나중에 후회할 수 있기 때문이다.

일생의 계획을 빨리 세우는 것은 성공에 매우 도움이 되겠지만 이것보다 더 중요한 것은 자기가 무엇을 잘하고 무엇을 원하는지 아는 것이다. 그러면 조금 자라서 계획을 세워도 더 확실하고 뚜렷하기 때문에 성공할 수 있다.

영국 사회에 대한 비판, 걸리버 여행기

독서활동보고서 | 4

책이름	걸리버 여행기		
지은이	조나단 스위프트	출판사	예림당
분류	세계명작	읽은날	3월 28일

책 내용   주인공 걸리버는 영국 노팅엄셔 주의 작은 마을에서 태어난 모험심 많은 사람이다. 어려서부터 배를 타고 항해를 하는 것이 소원이었는데, 어른이 되어 드디어 배의 의사가 되어 항해를 하게 된다. 그런데 거대한 폭풍을 만나 소인국, 거인국, 말의 나라 등에 가게 된다.

교양 넓히기   조나단 스위프트는 아일랜드 사람이다. 스위프트가 살았을 때 영국은 아일랜드를 괴롭히고 지배하려고 했다. 그래서 스위프트는 이 소설을 통해, 당시 영국의 거만함과 자만심을 꼬집고 비꼬았다.

비판적으로 생각하기   소인국, 릴리퍼트는 두 가지 문제가 있다. 하나는 정치인들의 싸움이다. 슬라멕산 당에서는 뒷굽이 낮은 구두를 신자고 주장하고, 트라멕산 당에서는 그 반대의 주장을 하여, 둘은 밤낮으로 싸운다. 또 다른 문제는 블레퍼스크라는 나라와의 전쟁이다. 그 나라는 달걀을 깰 때, 둥글고 넓은 쪽을 깨도록 하고 있고, 릴리퍼트에서는 뾰족한 쪽으로 깨도록 한다. 이것이 원인이 되어 전쟁을 하는 것이다. 이런 사소한 일들이 싸움의 원인이 된다니 우습다.

    그런데 우리나라 정치인이나 국제 분쟁을 보아도 서로 존중하거나 대화로 풀어도 되는데 꼭 싸움을 하는 경우가 있다. 릴리퍼트처럼 말이다.

평화의 종교 이슬람,
어린이 이슬람 바로 알기

독서활동보고서 | 5

책이름	어린이 이슬람 바로 알기		
지은이	이희수	출판사	청솔
분류	세계문화	읽은날	4월 9일

책 내용   세계 4대 종교 중의 하나인 이슬람에 대한 책이다. 이슬람을 믿는 사람들을 '무슬림'이라고 하는데, 돼지고기를 먹지 않고 하루 다섯 번 예배를 본다. 그 외에도 여러 특징이 있다.

교양 넓히기   이슬람의 문화 중에 세계 속에 퍼진 문화로는 커피 문화가 있다. '커피(coffee)', '카페(cafe)'라는 말은 아랍어의 '까흐와(qahwah)'에서 온 것이며, 세계적으로 유명한 커피 브랜드인 '모카'는 커피 수출로 명성을 날렸던 아라비아 반도 남서쪽의 항구 이름이다.

비판적으로 생각하기   이슬람은 정말 폭력적인 종교일까? TV 뉴스에 이슬람 나라 소식이 나올 때 보면 거의 전쟁이나 테러 이야기가 많다. 그런데 실제 이슬람은 그렇지만은 않다. '이슬람'이라는 말도 '평화'라는 뜻이고, 100년도 안 되어 세계 곳곳에 퍼진 것만 보아도 알 수 있다.

　이슬람이 나쁜 이미지를 갖게 된 건 아마 이슬람과 사이가 나쁜 미국의 선전 때문이 아닐까? 그리고 기독교를 믿는 사람들이 이슬람에 대해 반감을 가지고 있어서 그런 것 같다. TV나 다른 나라 사람들의 말만 믿고 이슬람에 대해 나쁜 감정을 갖는 것은 옳지 않다. 스스로 정확한 정보를 찾아 바로 보려고 노력해야 한다.

대학자 아버지의 가르침과 지혜,
만화와 함께 읽는 정약용의 편지

독서활동보고서 | 6

책이름	만화와 함께 읽는 정약용의 편지		
지은이	정한샘 엮음	출판사	푸른나무
분류	우리 고전	읽은 날	5월 4일

책 내용   조선시대의 대학자 다산 정약용이 오랜 유배 생활을 하는 동안 두 아들과 형, 그리고 제자들에게 보낸 편지를 묶어놓은 책이다. 이 편지 속에는 정약용의 지혜가 가득 담겨 있다.

교양 넓히기   정약용은 조선시대의 실학자이다. 실학자란 단순히 유학 공부만 하는 사람이 아니라 그것을 실생활에 적용하여 백성들에게 도움을 주고자 했던 사람들이다. 정약용이 쓴 책으로는 『목민심서』, 『흠흠신서』, 『경세유표』 등이 있고, 거중기를 만들기도 했다. 천주교인으로 모함을 받아 유배를 갔다. 유배에서 풀려나서는 학문 연구에만 힘쓰다가 74세의 나이로 죽었다.

비판적으로 생각하기   정약용이 쓴 편지 내용 중에 이런 구절이 있었다. "재물을 오래 보존하는 방법은 남에게 베푸는 것이다." 사람들은 재물을 오래 보존하기 위해서 땅을 사거나 집을 사거나 은행에 저축을 한다. 그런데 정약용은 남에게 베풀어야 진짜 오래 남는다고 한다. 정약용이 말하는 오래 보존한다는 건 그 사람이 죽어서도 남는다는 뜻인 것 같다. 만약 재물을 자신만을 위해 쓴다면 죽으면 그만이다.

그런데 사회에 환원하거나 가난한 이웃에게 베푼다면 그 정신과 선행이 두고두고 남아 사람들로부터 존경을 받을 것이다. 우리 모두 진짜 부자가 무엇인지 다시 한 번 생각해 보아야겠다.

동양 사상의 등불, 공자

독서활동보고서 | 7

책이름	공자		
지은이	백성희	출판사	삼성당
분류	위인, 철학	읽은날	6월 1일

책 내용 옛날 중국의 춘추 시대에 태어나 노나라의 재상까지 되었던 공자의 이야기이다. 공자는 매우 똑똑하였고, 윗사람이 예법에 따라 행동해야 백성들이 그것을 본받아 바르게 생활한다고 하였다. 공자는 동양의 중요한 사상인 유학을 만든 훌륭하신 분이다.

교양 넓히기 공자의 말씀을 제자들이 모아 놓은 책은 〈논어〉이고, 공자가 직접 만든 책은 〈시경〉, 〈서경〉, 〈역경〉, 〈춘추〉이다. 공자는 옛날 문화를 따르고자 했는데, 그 옛날이란 주나라를 말한다. 그때는 인과 예가 있었고 나라가 태평했기 때문이다.

비판적으로 생각하기 공자가 진짜 되고 싶었던 것은 무엇일까? 나는 그것이 재상이 되는 것이었다고 생각한다. 공자는 노나라의 재상이었을 때 아주 훌륭하게 나라를 돌보고 또 다스렸다. 그런데 몇 년 후 떠돌이 생활을 했고, 다른 나라에서는 공자에게 아무런 일도 주지 않았다. 그래서 결국에는 제자들을 가르치는 학교 같은 걸 만들었다. 거기서 아주 많은 제자들을 가르쳤고 제자들에게 많은 존경을 받았다. 그렇다면 공자가 잘하는 일은 무엇이었을까? 공자가 가진 재능 말이다. 나는 그것이 바로 교육자라는 생각이 든다. 공자는 정말 제자들을 훌륭하게 키웠기 때문이다. 자기가 하고 싶은 일과 잘하는 일은 좀 다른 것 같다.

세르반테스는 왜 돈키호테를 썼을까?
돈키호테

독서활동보고서 | 8

이미지 없음

책이름	돈키호테
지은이	세르반테스
출판사	계림북스쿨
분류	세계명작
읽은날	7월 9일

책 내용 　주인공 돈키호테는 평소에 중세 기사 이야기를 너무 많이 읽은 나머지 마침내 스스로 기사라고 착각하여 모험을 떠난다. 농사꾼의 딸 두울시네아를 공주로 정하고, 농민 산초 판서를 부하로 삼아 볼품없는 말 로시난테를 타고 세상을 돌아다니며 사람들에게 맞기도 하고, 무시를 당하면서도 자신은 정의로운 기사라서 겪는 어려움이라고 착각하면서 참고 이겨낸다.

교양 넓히기 　세르반테스가 돈키호테를 쓴 이유는 당시 사회를 비판하기 위해서라고 한다. 16세기 말~17세기 초의 유럽에서는 중세 기사 이야기가 인기가 있었는데, 사람들이 기사 이야기에 빠져 현실 생활을 충실히 하지 못했다. 주인공 돈키호테가 바로 기사 이야기에 빠진 사람들을 대변한다.

비판적으로 생각하기 　앞뒤 따져보지 않고 무조건 실행에 옮기는 사람을 '돈키호테형 인간'이라고 한다고 한다. 생각보다 행동이 앞서는 사람이다. 하고 싶은 일을 하기 위해서는 당연히 조금이라도 빨리 실천해야 한다.

　그런데 잘 생각해 보지 않고 무조건 실천했을 때는 차라리 안 한 게 더 나을 수도 있다. 하면 손해 볼 행동을 할 수도 있고, 남에게 피해를 줄 수도 있기 때문이다. 따라서 행동을 하기 전에 충분히 생각을 하고, 하기로 마음을 먹었으면 늑장 부리지 말고 확실히 실천을 하자.

인간다운 신들의 세계, 그리스 로마 신화

독서활동보고서 | 9

책이름	그리스 로마 신화		
지은이	김영미	출판사	삼성출판사
분류	서양신화	읽은날	8월 13일

책 내용   고대 그리스, 로마 사람들이 숭배했던 신들에 관한 이야기이다. 신들의 왕 제우스, 헤라, 아폴론, 아프로디테, 아르테미스, 데미테르, 아테나 등 여러 신들의 흥미로운 이야기가 실려 있다.

교양 넓히기   그리스 로마 신들은 매우 인간적이다. 자애롭기보다는 좀 감정적이다. 예를 들어 헤라 여신은 질투가 심하다. 배다른 자식이라는 이유로 헤라클레스를 저주하고 위험에 빠지게 한다. 아프로디테도 사람들이 프시케 공주가 더 예쁘다고 말하자 아들 에로스에게 시켜 그녀를 혼내주라고 한다. 사랑도 인간처럼 한다. 신이라면 인간을 사랑해야 할 것 같은데, 자기들끼리 열렬히 사랑한다. 사랑에 실패하면 아파하는 것도 인간이랑 똑같다.

비판적으로 생각하기   프로메테우스는 인간에게 불을 주었다는 이유로 벌을 받는다. 신의 입장에서 보면 신들의 계율을 어겼기 때문에 벌을 받아 마땅하다.

    하지만 인간의 입장에서 보면 프로메테우스는 은인과도 같은 위대한 존재이다. 그가 없었다면 인간은 여전히 암흑의 미로를 방황하고 있을 것이다. 프로메테우스가 인간에게 불을 주어 인간이 문명을 이루고 역사를 발전시킬 수 있었다. 프로메테우스는 미래를 보는 자다운 선택을 했다고 생각한다.

한시의 멋스러움, 정민 선생님이 들려주는 한시 이야기

독서활동보고서 | 10

책이름	정민 선생님이 들려주는 한시 이야기		
지은이	정민	출판사	보림
분류	고전시	읽은날	9월 6일

책 내용 옛날 사람들이 쓴 한시에 대한 책이다. 그냥 한시를 읽으면 잘 이해하지 못하니까 우리 한글로 풀어 썼고, 책에서 자세한 설명을 해 준다. 한시에 담긴 뜻과 내용, 그리고 어떤 상황에서 쓴 것인지 등 재미있는 이야기들이 실려 있다.

교양 넓히기 한시는 한자로 쓴 시를 말한다. 옛날 지식인들은 대부분 한자로 시를 지었다고 한다. 한시를 이해하는 것은 쉽지 않다. 그냥 읽으면 안 되고 어떤 뜻이 감춰져 있는지 한 번 더 생각해 보아야 한다. 그래서 시를 읽다 보면 주변을 자세히 관찰하는 힘이 생긴다. 시인의 참된 마음을 보려고 노력해야 한다.

비판적으로 생각하기 한시는 한자로 쓴 시인데, 한글로 번역해서 읽어도 되는 걸까? 그리고 왜 옛날 지식인들은 한글로 시를 짓지 않고 어려운 한자로 시를 쓴 걸까? 한글이 없었을 때는 한자로 쓸 수밖에 없지만 한글이 발명되었을 때는 당연히 한글로 써야 옳다고 생각한다.

그리고 한자로 쓴 시를 한글로 번역해서 읽으면 정확한 뜻을 알 수 있을지 없을지 의문이다. 번역을 하다 보면 그냥 번역하는 사람에 따라 뜻을 다르게 옮길 수도 있기 때문이다. 한자를 배워서 한시를 읽어야겠고, 지식인들이 한글로 쓴 시에는 어떤 것들이 있는지도 찾아보아야겠다.

철학은 삶을 사랑하는 지혜
소피의 세계1

독서활동보고서 | 11

책이름	소피의 세계		
지은이	요슈타인 가아더	출판사	현암사
분류	철학	읽은날	10월 10일

책 내용 　소피는 열네 살의 소녀이다. 그런데 어느 날 '너는 누구니?', '세계는 어디에서 생겨났을까?' 등의 짧은 편지를 연이어 받는다. 소피는 그 정답을 알아내려고 생각을 하게 되는데, 그러면서 철학에 대해 배우게 된다.

교양 넓히기 　소크라테스의 제자가 플라톤이고, 플라톤의 제자가 아리스토텔레스이다. 플라톤은 현실세계가 이데아라는 이상세계의 그림자라고 했다. 그런데 아리스토텔레스는 현실은 그림자가 아니라 실제로 있는 것이며 현실을 제대로 아는 것이 더 중요하다고 했다.

비판적으로 생각하기 　소피가 받은 편지 중에 운명과 우연에 대해 나온 것이 있었다. 사람은 정말 운명을 가지고 있을까, 아니면 모든 것은 단지 우연일 뿐일까? 이 문제는 아주 어렵고 답도 없다. 운명이라고 하면 운명이고, 우연이라고 하면 우연이다. 그런데 운명이라고 생각하면 쉽게 포기할 것 같다. 모든 건 정해져 있다고 생각하니까 새로운 일에 도전하지도 않고 말이다. 그렇다고 우연이라고 생각하면 사람에 대한 소중한 마음을 갖기 어려울 것 같다. 우연히 만났다 헤어지는 것이기 때문에 함부로 대할 수도 있고, 자기중심적으로 대할 수도 있다.
　그래서 내가 내린 결론은 우연이 쌓여 운명이 된다는 것이다. 처음에는 우연이지만 내가 잘하고 또 나에게 의미가 있으면 운명이 된다고 생각한다.

국민 독립운동가의 기록
어린이 백범일지

독서활동보고서 | 12

책이름	어린이 백범일지		
지은이	정한샘	출판사	푸른나무
분류	자서전	읽은날	11월 21일

책 내용 백범 김구 선생님이 쓰신 자서전이다. 어린 시절부터 8·15 해방까지 일생이 생생히 기록되어 있다.

교양 넓히기 김구 선생님의 호는 '백범' 이다. 나는 이 말이 당연히 '흰 호랑이' 일 것이라고 생각했다. 흰색과 호랑이는 우리 민족을 상징하기 때문이다. 그런데 알고 보니 '백범' 이란 '백정과 범부' 의 줄임말이라고 한다. 김구 선생님은 백정과 범부같이 미천한 백성들도 애국심을 갖기를 바라는 간절한 마음에 이런 호를 지었다고 한다.

비판적으로 생각하기 김구 선생님의 자서전을 읽고 나는 처음으로 우리나라의 독립에 대해 다시 생각해 보게 되었다. 그 동안은 독립이 된 것이 기쁜 일이고, 일본은 벌을 받은 것이라고만 생각했다. 그런데 김구 선생님은 이 소식이 '하늘이 무너지는 듯한 소식' 이라고 했다. 그 이유는 미국이 핵폭탄을 떨어뜨려 일본이 항복을 했고, 여기에는 우리의 노력이 거의 들어가 있지 않아 외세의 간섭을 받을 수 있기 때문이다. 정말로 해방이 되고 나서 그런 일들이 벌어졌다. 결국엔 전쟁까지 나 나라가 두 동강이 되었다. 우리 스스로 독립을 이루지 못한 것이 정말 후회스럽다. 강대국이 우리나라의 미래에 함부로 간섭하지 못하게 힘을 길러야겠고, 나 역시 무엇을 하든 이 사실을 절대 잊지 말아야겠다.

제3부

생각과 느낌이 가득한 33가지 독서포트폴리오 만들기!

독서포트폴리오를 만드는 방법은 여러 가지입니다. 줄거리와 감상을 쓰는 방법 외에 편지쓰기, 주인공 인터뷰하기, 배경 분석하기, 기사로 쓰기, 연극대본 만들기 등 다양한 형식으로 쓸 수 있습니다. 창의성을 한껏 드러낼 수 있도록 다양한 방법을 적용하여 독서포트폴리오를 만들어 봅니다.

여기에는 33가지 방법으로 만든 독서포트폴리오를 한 편씩 실었습니다. 바로 따라해 볼 수 있도록 예시글을 직접 실었으니 많은 참고가 될 것입니다.

무대 주인공이 되어 볼까?
역할극 만들기

독서포트폴리오 | 1

책이름	얼굴 빨개지는 아이		
지은이	장 자크 상뻬	출판사	열린책들
분류	일러스트 이야기	읽은날	3월 5일

제목   빨간 얼굴과 재채기

마르슬랭이 무대로 나온다. 고개를 숙이고 천천히 걸어나오고 있다. 무대 중앙에서 멈추고 한숨을 푹 쉰다.

마르슬랭 : 아휴, 정말 속상해 죽겠어. 얼굴 빨개지는 게 무슨 병이라도 돼? 마치 페스트를 옮기는 쥐처럼 대하다니!

그때 갑자기 무대 옆에서 재채기 소리가 난다. 마르슬랭 재채기가 나는 쪽으로 얼굴을 돌린다. 르네 무대 위로 등장한다.

르네 : (손으로 코를 훌쩍이며) 아휴, 코 간지러워 죽겠네. (주위를 둘러보다 마르슬랭을 보며) 와, 너 얼굴색 멋지다!

마르슬랭 : (약간 언짢은 표정으로) 뭐라구? 처음 보는 사람을 놀려?

르네 : (손을 내저으며) 아니야, 놀리는 게 아니라 정말 색깔이 예뻐서 그래. 아아추-. 미안, 내가 이렇게 시도 때도 없이 재채기를 해. 괜찮니?

마르슬랭 : (조금 멋쩍어하며) 아, 괜찮아. 그리고 화 내서 미안해. 나는 네가 날 놀리는 줄 알았어. 내 얼굴도 시도 때도 없이 빨갛게 변해.

르네 : 아, 그렇구나. 그러고 보니 우린 닮았네! 나는 시도 때도 없이 재채기를 하고 너는 시도 때도 없이 얼굴이 빨갛게 변하니까 말야.

마르슬랭 : (얼굴이 환해지며) 그럼 우리 친구 할래?

르네 : 좋아! 우리는 정말 환상적인 친구가 될 거야!

그렇게 생각이 없니?
등장인물 비판하기

독서포트폴리오 | 2

책이름	사자와 마녀와 옷장		
지은이	C. S. 루이스	출판사	시공주니어
분류	세계명작	읽은날	4월 8일

제목 **에드먼드, 이기심은 안 돼!**

에드먼드, 안녕?

〈사자와 마녀와 옷장〉을 읽고 너에게 꼭 하고 싶은 말이 있어서 이렇게 연필을 들었어. 내가 하는 말이 어쩌면 잔소리처럼 들릴지 모르겠지만 널 위해서 하는 말이니까 듣기 싫어도 꾹 참고 들으렴.

물론 너는 이렇게 생각할지 몰라.

'이제 나는 착한 사람이 되었다고. 이제 남에게 피해 주는 일은 안 해.'

나도 알아. 네가 마음을 고쳐먹은 일 말이야. 그래도 다시 한 번 주의를 주고 싶어. 형제들과 나니아 나라에 간 너는 순전히 터키젤리를 먹기 위해 형제들을 배신하고 하얀 마녀에게 갔지? 그 후 어떤 일이 벌어졌니? 하얀 마녀는 너를 이용해 아즐란을 죽이려고 했어. 아즐란은 너를 구하기 위해 목숨을 버렸고.

자, 무엇이 문제일까? 너의 욕심과 이기심이 이런 엄청난 일을 낳았어. 그러면 이제 욕심을 버리고 이기심을 버릴 수 있는 방법을 알려 줄게. 욕심과 이기심은 누구에게나 생기기 때문에 없애려고 하기보다 깊이 생각해서 결정해야 해. 욕심과 이기심은 순간적인 감정이야. 앞뒤 가리지 않고 단순하게 생각하면 그 감정에 휘둘려서 나쁜 선택을 하게 되는 거야. 그러니까 결정을 하기 전에 어떤 일이 벌어질지 꼼꼼하게 따져 보렴. 이것이 내가 꼭 너에게 하고 싶은 말이야.

농사가 재미있나요?
주인공 인터뷰하기

독서포트폴리오 | 3

책이름	못생긴 열매가 더 맛있단다		
지은이	송재찬	출판사	우리교육
분류	인물이야기	읽은날	5월 22일

제목 세상에서 가장 아름다운 농부를 만나다!

'풀무원'하면 무엇이 떠오르나요? 아마 유기농으로 만든 여러 가지 식품들이 떠오를 거예요. 풀무원 공동체를 만든 원경선 할아버지를 만나 보겠습니다.

기자 : 안녕하세요, 할아버지! 이렇게 뵙게 되어 영광입니다.

원경선 할아버지(이하 원) : 나도 영광이에요.

기자 : 할아버지는 아직도 농사를 짓고 계세요?

원 : 몇 년 전까지는 지었는데 요즘에는 늙어서 몸이 따라 주질 않으니 못 짓지요. 그래도 농장은 늘 둘러보고 있다우.

기자 : 아, 그러시군요. 그럼 어떻게 유기농법에 관심을 갖게 되었나요?

원 : 1975년 일본 애농회에서 펴낸 책을 읽고 나서지. 그걸 읽고 당장 화학 비료를 쓰지 말아야겠다고 다짐하고 바른 농사에 대해 생각하기 시작했어. 그래서 옛날 조상들이 하던 방식대로 농사를 짓기로 한 거야. 농약과 비료 대신 '퇴비'를 만들어서 말이야.

기자 : 정말 실천력이 대단하신 것 같아요. 그런데 농사가 재미있으세요?

원 : 물론 재미있지. 하지만 그것보다 더 큰 기쁨과 보람을 주고… 아무튼 직접 해 보지 않으면 알 수 없어. 얼마나 좋은지.

기자 : 오래오래 건강하게 지내시고요, 오늘 인터뷰 감사했습니다.

나만의 책으로 꾸며 보자!
표지 만들기

독서포트폴리오 | 4

책이름	나의 라임 오렌지 나무		
지은이	M.바스콘셀로스	출판사	동녘
분류	세계명작	읽은날	6월 28일

제목

117

성실함과 꼼꼼함을 담아서~
줄거리와 감상 쓰기

독서포트폴리오 | 5

책이름	잘가라 내동생		
지은이	빌리 슈에즈만	출판사	크레용하우스
분류	외국창작	읽은날	7월 29일

제목 죽은 사람 보내기

• 줄거리

　열 살 벤야민은 어느 날 갑작스런 병으로 죽었다. 그런데 영혼이 되어 가족들을 볼 수 있어서 그렇게 슬프지는 않았다. 하지만 자신의 죽음 때문에 가족들이 슬퍼하고 우울해하고 말도 안 하는 걸 보고는 속상하고 마음이 아팠다. 그런데 시간이 흐르면서 벤야민의 가족은 벤야민의 죽음을 받아들이고 다시 행복하게 살려고 노력한다. 함께 여행도 가고, 비슷한 처지의 사람들과 만나기도 한다. 그래서 1년 후 벤야민은 기쁜 마음으로 가족들의 곁을 떠난다.

• 감상

　사람이 죽으면 어떻게 될까? 책에서는 일단 사람이 죽으면 영혼으로 잠시 머물다가 살아있는 사람들의 기억 속에서 사라지면 영원히 사라진다고 했다. 기억에서 사라진다는 건 아예 잊어버린다는 것이 아니라 집착하지 않고 다시 희망을 갖는 것이다. 그러면 죽은 사람이 편하게 사라질 수 있다고 한다. 그런데 어디로 사라지는 걸까? 천국과 지옥이 있어서 착한 일을 많이 한 사람은 천국에 가고 나쁜 일을 많이 한 사람은 지옥에 갈까? 그러면 착한 일도 안 하고 나쁜 일도 안 한 사람은 어디로 갈까? 그리고 처음에는 나쁜 일을 했다가 반성하여 나중에는 나쁜 일을 하지 않은 사람은 어디로 갈까? 제일 궁금한 건 내가 죽으면 어디로 가는지 이다.

성격도 제각각이군!
등장인물 비교하기

독서포트폴리오 | 6

책이름	샬롯의 거미줄		
지은이	E. B. 화이트	출판사	시공주니어
분류	외국창작	읽은날	8월 10일

제목 농장 동물들의 이모저모

- **샬롯**- 거미. 배려심이 깊고 책임감이 강하며 마음이 따뜻하다. 그리고 거미줄에 글을 새겨 넣는 걸 보면 매우 창의적이다.
- **윌버**- 돼지. 순수하고 따뜻한 마음씨를 가졌다. 거미줄을 짜겠다고 하는 등 무모하기도 하지만 새로운 것에 도전하는 용기도 있다. 윌버가 죽고 나서 그 자손들을 돌보는 것을 보면 우정이 깊다.
- **템플턴**- 쥐. 이기적이다. 대가가 없으면 절대로 남을 도와주지 않는다. 쓰레기 같은 더러운 걸 모으고, 한번 모으면 절대 버리지 않는다. 도덕심도 없고, 양심도 없고, 거리낌도 없고, 남에 대한 배려도 없고, 체면도 없고, 따뜻한 마음도 없고, 뉘우침도 없고, 고상한 감정도 없어서 친구가 없다. 헛간의 어떤 동물도 믿지 못한다.
- **늙은 양**- 헛간에서 오래 산 어른 동물이다. 윌버에게 힘이 될 거라고 거침없이 말하는 걸 보면 냉정한 면이 있다. 하지만 어른답게 지혜가 있어서 템플턴이 거미줄을 짜는 샬롯을 돕게 만들기도 하였다.
- **거위**- 암컷이다. 헛간에서 알을 품어 새끼를 키우는 평범한 거위다. 그런데 윌버를 헛간 밖으로 도망가게 부추겨 대리만족을 느끼는 무책임한 면도 있다.

당신을 심판합니다!
재판극으로 쓰기

독서포트폴리오 | 7

책이름	사씨남정기		
지은이	김만중	출판사	청솔
분류	고전 소설	읽은날	9월 9일

제목 저 여자를 당장 하옥하시오!

재판장: 자, 어떤 일로 오셨는지 말해 보시오.

원고(유연수): 저기 있는 저 여인을 벌해 주십사 왔습니다.

재판장: 좀 더 정확하게 자세하게 말해 보시오.

원고: 다름이 아니라 저 여자는 실은 저의 둘째 부인이었습니다. 아름다운 외모에 홀려 제가 그만 사씨 부인을 내쫓고 저 여자와 결혼을 했죠. 그런데 알고 보니 모든 일은 저 여자가 꾸민 것이었습니다.

재판장: 도대체 어떤 일을 꾸몄다는 거요?

원고: 글쎄, 사씨 부인이 자기를 미워한다고 거짓말을 하고, 사씨 부인의 글씨체를 베껴 사씨 부인이 자기를 죽이려고 했다고 누명을 씌우는가 하면, 심지어 자기 아들을 죽인 누명까지 씌웠습니다.

재판장: 오호라, 그게 정말이요? 교씨가 직접 말해 보시오.

피고(교씨): 억울하옵니다, 재판장님. 저는 한 가련한 여인일 뿐이옵니다. 저를 보십시오. 어찌 제가 그런 일을 저질렀겠습니까?

재판장: 그렇다면 사씨 부인을 증인으로 부르겠소. 사씨 부인 나와 주시오. 저 여자의 말이 사실이오? 거짓을 말하면 불감옥에 갈 줄 아시오!

사씨 부인: 존경하는 재판장님, 유연수 영감의 말은 모두 사실이옵니다.

재판장: 아니, 저런 나쁜 여자가 다 있나. 저 여자를 당장 하옥하시오!

희망을 주는 한 마디!
기억에 남는 구절과 감상 쓰기

독서포트폴리오 | 8

책이름	연금술사		
지은이	파울로 코엘료	출판사	문학동네
분류	우화	읽은 날	10월 5일

제목 나도 소중한 사람이야!

• **기억에 남는 구절**

"무엇을 하는가는 중요치 않네. 이 땅 위의 모든 이들은 늘 세상의 역사에서 저마다 중요한 역할을 하고 있으니 다만 대개는 그 사실을 모르고 있을 뿐이지." (p. 253)

• **감상**

　산티아고가 보물을 찾으러 가는 도중 연금술사를 만났을 때, 연금술사가 해 준 말이다. 산티아고는 양치기인데 어느 날 보물을 찾으러 이집트로 간다. 꿈속에서 거기에 보물이 있다고 했기 때문이다. 그런데 거기에는 보물이 없었다. 알고 보니 보물은 산티아고가 사는 곳 낡은 교회에 있는 무화과나무 앞에 묻혀 있었다. 산티아고는 결국 제자리로 돌아왔고 그것이 바로 진정한 행복이라는 것을 깨달았다.

　이 책에 나온 말 중 연금술사가 해 준 위의 말이 가장 기억에 남는다. 저 부분을 읽을 때 마치 나에게 하는 말인 것 같았다. 요즘 나는 성적도 떨어지고 공부도 안 되어서 고민이 많았다. 엄마한테는 괜히 짜증을 부렸지만 실은 나 자신한테 화가 좀 나 있었다. 생각해 보니 할 줄 아는 게 없어서이다. 그래서 공부라도 못하면 정말 어떻게 할지 걱정이 되었다.

　그런데 연금술사의 저 말을 읽고는 속이 확 뚫리는 느낌을 받았다. 내가 뭘 못해도 소중한 사람이라는 걸 잊지 말고 좀 더 자신감을 갖고 헤쳐 나가야겠다.

울지 마, 내가 있잖아!
주인공에게 편지 쓰기

독서포트폴리오 | 9

책이름	홍당무		
지은이	쥘 르나르	출판사	삼성출판사
분류	세계명작	읽은날	10월 20일

제목 아주 멋진 사람이 되자!

홍당무에게

　너에 대한 이야기를 읽고 마음이 좀 아팠어. 네가 가족들에게 사랑받지 못하는 모습을 보고는 혹시 입양을 했나? 하는 의심도 생겼지. 정말 너를 친자식처럼 대하는 것이 아니라 꼭 남처럼 대하니까 말야.

　특히 너의 엄마는 정말 너무하시는 것 같아. 네가 은화를 잃어 버렸을 때 기억 나? 그러자 너의 엄마, 르픽 부인이 너에게 은화를 찾으라고 시키지. 그때 넌 은화를 꼭 찾아야 한다는 생각에 엄마 몰래 서랍에서 은화 한 개를 훔쳐 풀밭에서 찾았다고 거짓말을 해. 그러자 엄마도 은화를 양복저고리에서 찾아냈다면서 네가 주운 은화의 주인이 누구냐며 또 성화를 하시지. 엄마는 너를 또 범인으로 지목하시고 너를 추궁하려고 그랬던 것 같아. 그러자 너는 또 말없이 잘못을 시인하듯 뺨을 내밀어. 여기서 사람들은 너를 나무랄지도 몰라. 네가 은화를 잃어버렸고 거짓말까지 했으니까. 하지만 나는 생각이 달라. 엄마가 너무 냉정하고 너를 자주 나무라고 믿지 못하시니까 네가 그런 행동을 했다고 생각해. 우리 엄마도 좀 냉정하신 편이라서 나는 그 마음을 아주 잘 알아!

　홍당무! 우리 함께 힘내서 엄마랑 아빠가 뭐라 하든 우리가 갈 길을 열심히 가자! 가족들에게 서운한 생각 하지 말고 우리가 멋진 모습이 되면 결국 가족들도 후회할 거야!

유쾌하고 즐거운 마음을 담아~
만화로 그리기

독서포트폴리오 | 10

책이름	순둘이 이야기		
지은이	송재찬	출판사	우리교육
분류	국내창작	읽은날	11월 4일

제목

제목 : 행복을 찾아서

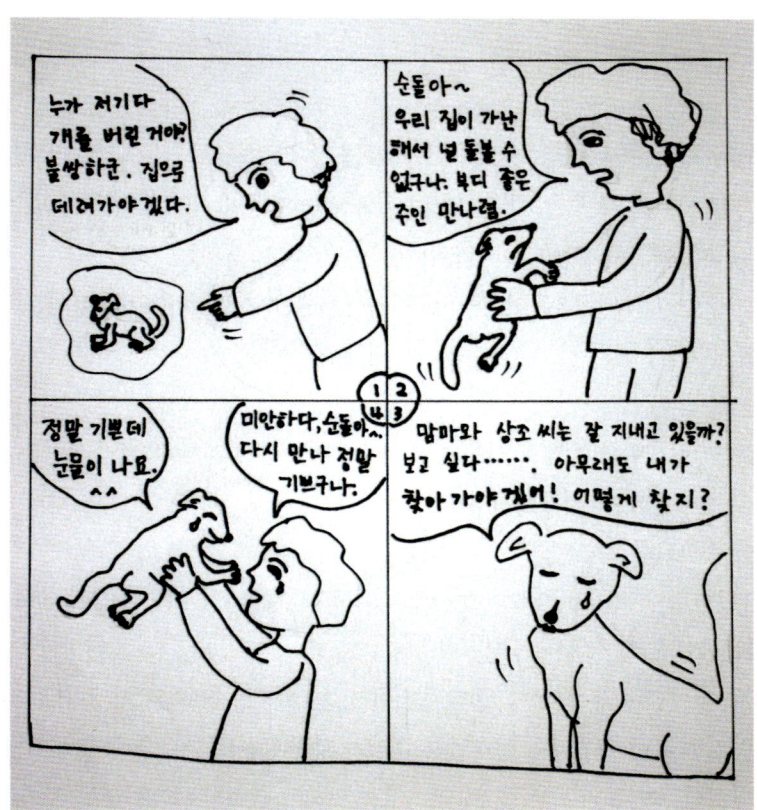

궁금하면 직접 써!
뒷이야기 쓰기

독서포트폴리오 | 11

책이름	마녀를 잡아라		
지은이	로알드 달	출판사	시공주니어
분류	외국창작	읽은날	11월 24일

제목 **마녀 소탕 작전 개시!**

　나는 할머니와 마녀를 잡으러 떠났다. 우리의 활약은 곧 전 세계에 알려졌고 한국이라는 나라에서까지 가게 되었다.
　"당신이, 아닌 당신들이 바로 마녀 사냥꾼인가요?"
　한국에서 마중 나온 어떤 대머리 아저씨가 물었다.
　"네, 그렇습니다. 이 쪽은 제 손자입니다. 마녀들 때문에 생쥐로 변했지요. 저는 얘 할미고요. 그런데 마녀는 어디에 있습니까?"
　"저기 저 산이 보이나요? 저곳이 바로 남산입니다. 저기에 마녀가 있다는 정보가 들어왔습니다."
　"생김새는요?"
　"사람마다 다릅니다. 어떤 사람은 눈이 자주 튀어나온다고 하고, 어떤 사람은 손톱이 없다고 합니다. 어떤 게 정말인지 모르겠습니다."
　아저씨는 고개를 갸웃거렸다.
　"모두 마녀입니다. 이제 걱정하지 마십시오. 우리가 일주일 내로 해결할 테니까요."
　"고맙습니다. 정말 잘 부탁드립니다."
　이렇게 해서 우리는 딱 5일 만에 남산에 있는 마녀들을 모두 잡았다. 그 대머리 아저씨는 알고 보니 서울의 시장이었다. 우리는 감사패를 받고 다른 나라로 떠났다.

추억이 새록새록~
경험과 관련지어 쓰기

독서포트폴리오 | 12

책이름	달려라 루디		
지은이	우베 팀	출판사	창작과비평사
분류	외국창작	읽은날	12월 5일

제목 **빙고와 함께 한 날들**

빙고. 우리 집에서 3년 전에 키웠던 개 이름이다. 지금은 없다. 왜냐 하면 죽었기 때문이다. 이 책을 읽으면서 빙고와 있었던 추억이 떠올라 괜히 마음이 좀 그랬다. 책 내용은 재미있는데, 빙고를 생각하면 슬프기도 했기 때문이다.

루디는 돼지이다. 머리가 좋은 돼지이다. 우리 빙고도 정말 머리가 좋았다. 그래서 언니는 빙고에게 명탐정이라는 별명도 붙여 주었다. 루디가 도둑을 잡았던 것처럼 빙고는 잃어버린 물건을 정말 잘 찾았다. 특히 건망증이 심한 언니는 아마 빙고가 없었으면 매일 쩔쩔 맸을 것이다.

쭈피네 형제들이 루디를 키우면서 글쓰기를 잘했다는 내용도 나랑 정말 비슷하다. 나도 그때 여름방학 숙제로 빙고를 관찰해서 탐구보고서를 썼는데, 선생님께 잘했다고 칭찬도 듣고, 방학 숙제상도 받았기 때문이다. 그때 그 일로 나도 글쓰기에 자신감이 생겨 일기도 열심히 쓰고 독서록도 열심히 쓰게 되었다.

쭈피네 아버지도 루디를 키우면서 성격이 많이 바뀌었다. 처음에는 루디를 집에서 키우는 걸 반대해서 욕실에도 가두고 구박했는데, 나중에는 루디가 달리기 대회에 나가게 되자 직접 훈련도 시키고 루디를 무척 응원했다. 이 점은 우리 아빠랑 다르다. 우리 아빠는 처음부터 빙고를 무척 사랑하셨다. 그래서 빙고가 죽었을 때 아빠도 우리도 모두 울었다.

나도 나중에 작가가 되어 빙고를 주인공으로 하는 이야기를 써야겠다.

순간의 영감을 표현하는 방법, 독후시 쓰기

독서포트폴리오 | 13

책이름	꼬마 토끼 조지의 언덕		
지은이	로버트 로손	출판사	비룡소
분류	세계명작	읽은날	12월 27일

제목 야호, 새로운 사람들이 이사 온다!

새로운 사람들이 이사 온다, 야호!
새로운 사람들이 이사 온다, 야호! 야호!

새로운 사람들은 어떤 사람들일까?
궁금해, 궁금해, 정말 궁금해!
새로운 사람들은 동물을 좋아할까?
궁금해, 궁금해, 정말 궁금해!
새로운 사람들은 먹을 걸 많이 줄까?
궁금해, 궁금해, 정말 궁금해!

시간은 흐르고 언제나 새로운 사람들은 오지.
좋은 시절도 있고, 나쁜 시절도 있어.
좋은 사람도 있고, 나쁜 사람도 있지.

새로운 사람들이 이사 온다, 야호!
좋은 사람들이 이사 온다, 야호! 야호!

이 물건에 담긴 뜻은?
중요한 소재 찾기

독서포트폴리오 | 14

책이름	자전거 도둑		
지은이	박완서	출판사	다림
분류	국내창작	읽은날	1월 4일

제목 소재에 담긴 깊은 뜻 조사

- **민들레꽃** : 축축한 날, 하늘을 날던 먼지가 몸이 무거워 옥상에 내려앉았다가 비를 맞고 떠내려가면서 움푹하게 패인 바닥에 모이게 되었다. 그리고 그 먼지 중에 민들레 씨앗이 있어서 흙을 만나 뿌리를 내리고 마침내 샛노랗게 민들레꽃이 피게 되었다. 이 민들레꽃은 희망의 상징이다.

- **달걀** : 시골과 한뫼를 상징한다. 한뫼는 시골에 사는 소년으로 오랜 시간 동안 정성을 들여 달걀을 모으고 소중하게 생각했는데 막상 도시 사람들은 백삼십 개나 되는 달걀을 단지 텔레비전 쇼를 위해서 함부로 다 써 버린다. 달걀을 통해 도시 사람들의 함부로 하는 태도를 꼬집고 있다.

- **독배** : 독배는 행복의 상징이다. 독배는 독이 술잔인데, 왕이 독배를 마시려고 한 이유는 독배를 마시려고 하는 사나이의 표정이 정말 행복해 보였기 때문이다.

- **자전거** : 주인공의 힘든 서울 생활을 보여 주는 소재이다. 주인공은 자전거 도둑으로 오해를 받아 아무 죄도 짓지 않았는데 도망을 친다.

주인공이 주인공인 이유!
주인공 소개하기

독서포트폴리오 | 15

책이름	꿈꾸는 요요		
지은이	홍윤희	출판사	대교출판
분류	과학동화	읽은날	1월 31일

제목 천재 쥐를 소개합니다!

여러분! 천재 쥐에 대해서 들은 적이 있나요?

오늘은 아주 특별한 쥐에 대해 소개해 드리도록 하겠습니다. 이 쥐는 아주 특별한 쥐답게 이름도 있고, 심지어 별명도 있습니다. 이름은 요요, 별명은 '예민한 쥐'입니다.

천재 쥐 요요는 사실 유전자 연구를 통해 태어난 쥐입니다. 경기도 목성군 별무리 마을에 있는 천년만년 제약회사의 생명공학연구소에서 태어났습니다. 사람의 뇌 유전자를 이용하여 만든 10억짜리 실험쥐예요.

그런데 요요는 연구실에 갇혀 연구원들이 가져다주는 사료만 먹고 이런 저런 실험을 해야 한다는 것이 싫었습니다. 요요가 사람의 뇌세포로 만들어졌잖아요. 그러니 정말 사람처럼 생각도 하고 꿈도 갖게 된 거지요.

요요의 꿈은 정말 대단했습니다. 아주 작은 쥐의 꿈이라고는 믿기지 않을 정도지요. 요요는 남의 도움을 받지 않고 자기 의지로 살아가는 꿈, 누군가에게 빛이 되는 꿈, 아름다운 세상을 만드는 꿈을 갖게 된 것입니다.

사람처럼 생각하는 능력을 가진 쥐, 요요는 결국 실험실을 탈출하고 세상에 많은 어려움을 겪습니다. 하지만 머리도 좋고 또 매우 용감하여 모든 어려움을 다 극복하지요. 정말 주인공답지요?

이상 요요에 대한 소개였습니다.

이 책을 홍보합니다!
책 광고 만들기

독서포트폴리오 | 16

책이름	행복지킴이 키퍼		
지은이	로이스 로리	출판사	다산기획
분류	외국창작	읽은날	4월 18일

제목 이 개의 주인은 누구인가요?

아이템 획득하고 다음 단계로 고고~
게임 시나리오 쓰기

독서포트폴리오 | 17

책이름	어린 왕자		
지은이	생텍쥐페리	출판사	비룡소
분류	세계명작	읽은날	5월 7일

제목 어린 왕자의 일곱 가지 미션 게임

• 게임 줄거리

　어린 왕자가 있다. 소혹성 B612에 혼자 산다. 어느 날 어린 왕자는 장미의 투정에 지쳐서 다른 별들로 여행을 떠나 여러 사람들을 만나게 된다. 첫 번째 별에서는 남에게 군림하고자 하는 사람을, 두 번째 별에서는 허영과 위선에 가득 찬 사람을, 세 번째 별에서는 허무주의에 빠진 사람을, 네 번째 별에서는 물질만능주의인 사람을, 다섯 번째 별에서는 기계문명 속에서 인간성을 잃어버린 사람을, 여섯 번째에서는 이론만 내세우는 사람을, 일곱 번째에서는 드디어 우리가 살고 있는 지구에 도착해 수많은 장미와 여우를 만난다. 어린 왕자는 각 별에서 미션을 수행하여야 다음 별로 갈 수 있다.

• 게임 방법

1. 어린왕자는 각 행성에서 미션 깃발을 뽑아야 다음 단계로 넘어 갈 수 있다.
2. 게임이 시작되면 어린왕자는 걷기 시작한다. '→' 버튼을 누르면 빨리 달리고, '↑' 버튼은 점프, 'Enter' 버튼은 아이템을 획득할 때 쓴다.
3. 별 모양의 아이템을 세 개 연달아 획득하면 매우 빨리 달린다.
4. 장미 모양의 아이템을 획득하면 미사일을 발사할 수 있다.
5. 딱정벌레가 나오면 피하거나 미사일을 발사하여 없앤다.

기억에 남는 한 장면!
인상적인 부분과 감상 쓰기

독서포트폴리오 | 18

책이름	아버지의 눈물		
지은이	박신식	출판사	푸른나무
분류	역사동화	읽은날	6월 18일

제목 아름다운 용서와 화해

● 인상적인 부분

　샛별이가 아버지한테 전중사와 한새 아버지를 용서하라고 울부짖는 장면이 기억에 남는다. 그 장면에서 샛별이는 아버지한테 아버지가 용서하지 않으면 자신이 그것을 어떻게 감당해야 하느냐고 말한다. 그러자 샛별 아버지가 전중사를 용서하고 그 동안 가지고 있었던 회색끈 팔찌를 버린다.

● 감상

　이 부분을 읽으면서 용서와 화해에 대해 생각해 보았다. 사실 내가 샛별이나 샛별 아버지라면 전중사와 한새 아버지를 용서하지 못할 것 같다. 왜냐하면 어쨌든 두 사람이 샛별 할아버지를 죽게 했기 때문이다. 특히 전중사는 샛별 할아버지를 죽이라고 직접 명령을 내렸기 때문에 더 용서가 안 된다. 그런데 샛별이는 아버지한테 두 사람을 용서해 달라고 했고, 샛별 아버지는 샛별이의 말을 듣고 용서를 한다.

　샛별이는 왜 아버지한테 그런 부탁을 했을까? 어쩌면 용서가 복수일 수도 있을 것 같다. 왜냐하면 용서를 하면 잘못을 저지른 쪽이 더 미안한 마음을 갖게 되고 죄를 저지른 것에 대해 깊이 뉘우치게 될 것이기 때문이다. 또 용서를 해야 화해할 수 있고, 화해를 해야 나의 마음도 편안해질 수 있다. 용서와 화해는 내가 안 하더라도 정말 아름다운 일이다.

우와, 이런 책을 쓰다니~
지은이에게 편지 쓰기

독서포트폴리오 | 19

책이름	안네의 일기		
지은이	안네 프랑크	출판사	예림당
분류	세계명작	읽은날	7월 1일

제목 　**내 마음속의 친구, 안네에게**

안녕, 안네!

네가 쓴 일기를 방금 다 읽었어. 나는 너의 일기장 이름이 키티라는 것도 이번에야 알았어. 키티는 연필이나 공책에 있는 작고 귀여운 고양이 캐릭터인줄 알았는데, 네가 일기장에 붙인 이름이더라. 어떻게 그렇게 예쁜 이름을 생각해 냈니? 네가 살아 있다면 헬로키티 회사가 너에게 이름을 쓰는 대가로 돈을 줘야 할 거야. 그것도 아주 많이 말이야.

안네! 네가 얼마나 답답한 하루하루를 보냈는지 생각하면 내가 더 답답해져. 그런데도 너는 그 답답한 시간을 아주 잘 견뎠어. 일기도 쓰고, 여러 가지 생각도 하고, 사람들과 즐겁게 지내려고 노력도 하고 말이야.

그런데 그게 무슨 소용이었을까. 결국 너는 나치에게 잡혀 수용소로 가고 말았는걸. 거기서 죽었지? 얼마나 무서웠니? 너의 평화와 행복을 앗아간 나치와 그 나치를 만든 히틀러가 이렇게 증오스러울 수가 없다.

안네! 너는 글을 참 잘 쓰는 것 같아. 너의 일기를 읽으면 꼭 진짜 소설가나 작가가 쓴 것 같아. 나는 일기뿐만 아니라 글 쓰는 것 자체에 자신이 없어. 그런데 너에게는 이렇게 술술 말하는 걸 보면 너의 일기의 힘이 대단해. 너의 일기를 읽고 너에게 편지를 써야겠다고 생각했고, 또 이렇게 쓰고 있으니까 말이야. 안네! 이제는 나의 마음속에서 편히 쉬렴. 또 보자!

퀴즈 박사는 누구?
독서 퀴즈 내기

독서포트폴리오 | 20

책이름	모네의 정원에서		
지은이	크리스티나 비외르크	출판사	미래사
분류	미술 동화	읽은날	7월 30일

제목   화가 모네에 대한 모든 퀴즈!

● OX퀴즈

1. 모네는 독일 화가이다.
2. 모네는 인상파 화가이다.
3. 모네가 살았던 시대에 대부분의 화가는 그림을 사실적으로 꼼꼼하게 그려야 한다고 생각했다.
4. 모네는 집 안에서 그림을 그렸다.
5. 모네는 빛을 중요하게 생각했다.

● 단답형 퀴즈

6. 리네아가 파리에 간 이유는?
7. 모네는 아들과 아내를 잃고 어떤 병에 걸렸는가?
8. 모네의 그림이 같은 장소를 그려도 다르게 느껴지는 까닭은?
9. 화가들은 무엇이 발달함에 따라 겉모양보다는 순간적인 느낌이나 인상을 중요하게 생각하게 되었나?
10. 리네아가 집으로 오기 전에 갔던 강은?

정답   1. X(프랑스) 2. ○ 3. ○ 4. X(야외에서 그림) 5. ○ 6. 클로드 모네 기념관을 가기 위해
7. 우울증 8. 시간과 계절에 따라 달라지는 인상을 그렸기 때문 9. 사진과 인쇄 기술 10. 센 강

133

우린 정말 다르군! 주인공과 나 비교하기

독서포트폴리오 | 21

책이름	난 두렵지 않아요		
지은이	프란체스코 다다모	출판사	중앙M&B
분류	에세이	읽은날	8월 6일

제목 용감 소년 이크발과 평범 소년 이민재!

이 책의 주인공 이크발과 나를 비교해 보았다. 이크발은 나랑 같은 13살인데 생김새나 성격, 생활 등은 완전히 다르다. 그런데 지금은 슬프게도 이크발이 죽어서 이 세상에 없다.

이름	이크발 마시흐	나(이민재)
나라	파키스탄	대한민국
나이	13세	13세
힘들었던 일	카펫 공장에서 쉬지도 못하고 하루 10시간 이상씩 일을 했던 것	작년에 학원을 다니면서 하루 3시간씩 학원에 틀어박혀 있었던 것
수상 경력	세계어린이상(어린이 노벨상)	독서 우수상
하는 일	카펫공장 노동자 → 어린이 노동 운동가	초등학교 학생
성격	긍정적이고 용감하다. 불의를 참지 않고 끝까지 저항한다. 리더십이 매우 강하다. 차분하고 의지가 강하다.	성격이 급하고 화를 조금 잘 내는 편이다. 좋아하는 일은 열심히 하지만 싫어하는 일은 절대 안 한다.

꼬리에 꼬리를 무는 정리, 마인드맵 만들기

독서포트폴리오 | 22

책이름	앙코르 사람들은 어떻게 살았을까?		
지은이	로버트 J. 케시	출판사	청솔
분류	세계 문명	읽은날	9월 12일

제목 앙코르 문명을 한 눈에!

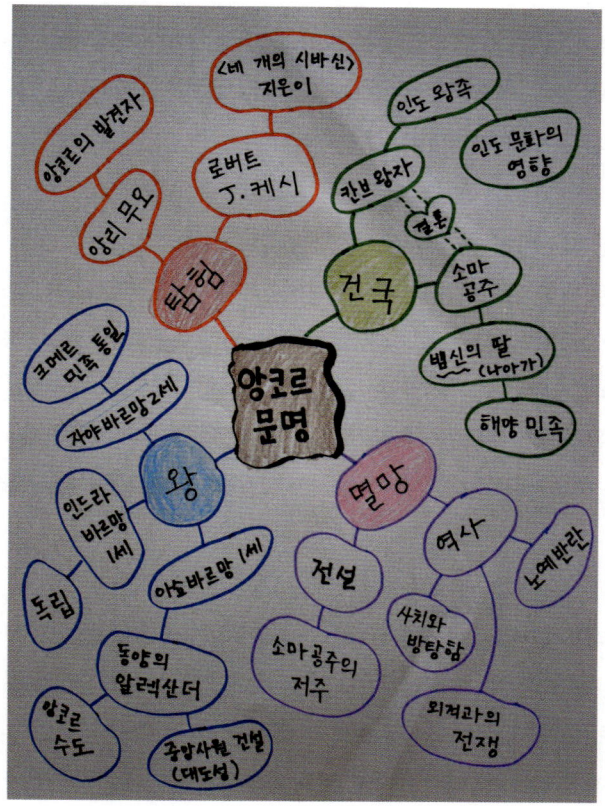

135

이렇게 엄청난 역사적 사건이?
배경 조사하기

독서포트폴리오 | 23

책이름	마사코의 질문		
지은이	손연자	출판사	푸른책들
분류	역사동화	읽은날	10월 6일

제목 우리가 잊지 말아야 할 역사!

이 책에서 일제 강점기에 우리 조상들이 일본에게 당한 일들이 실려 있다. 처음에는 그냥 이야기로 읽었는데, 알고 보니 모든 이야기마다 실제 역사가 있었다. 그 중 '꽃을 먹는 아이들'에 대해 조사해 보았다. 이 이야기는 1923년에 일본의 관동 지방에서 일어났던 아주 큰 지진 사건을 배경으로 한다.

- **'관동대지진' 조사**

1923년 일본 관동 지방에 큰 지진이 발생하여 많은 사람이 죽고 건물도 무너지고 도시가 엉망이 되었다. 이 일로 일본인들은 일본 정부를 크게 비난하자 일본 정부가 사람들의 분노를 돌리려고 "조선인이 폭동을 일으킨다.", "조선인이 일본인을 죽이기 위해 우물에 독약을 넣었다."는 유언비어를 퍼뜨렸다. 그러자 일본인들이 그 말에 속아 우리 동포들을 6000여 명 이상 학살하는 엄청난 짓을 저질렀다. 닥치는 대로 죽인 것이다.

- **나의 생각**

일본이 우리를 지배하고 온갖 못된 짓을 다했다는 건 알고 있지만 자기네 나라에서까지 우리 민족을 괴롭히고 죽였다는 사실은 처음 알았다. 어떻게 잘 알아보지도 않고 사람들을 그렇게 죽일 수 있을까? 그것도 아예 거짓 정보였는데 말이다. 일본이 우리에게 지은 죄가 너무 커서 도저히 용서가 안 된다.

이건 전혀 다른 이야기야!
내용 바꿔 쓰기

독서포트폴리오 | 24

책이름	우리들의 일그러진 영웅		
지은이	이문열	출판사	다림
분류	국내소설	읽은날	11월 2일

제목 왕따 석대를 구하라

한병태는 첫날부터 교실 분위기가 이상하다는 걸 느꼈다. 하지만 크게 신경 쓰지 않았다. 아버지가 다시 서울로 발령이 나면 곧 전에 다니던 학교로 돌아갈 테니까 말이다. 분위기가 이상하든 말든 잠시 동안만 있을 학교니까 그냥 아무 생각 없이 쉴 만큼 쉬었다 가자고만 생각했다.

그렇게 일주일이 지나고 그 이상한 분위기의 이유를 알게 되는 사건이 벌어졌다. 그 날은 마침 병태가 청소 당번인 날이었다. 병태는 교실 청소를 맡게 되었다. 함께 바닥 청소를 맡은 아이는 석대라는 아이였다. 5학년이라고 하기엔 키가 컸고 약간 사납게 생긴 아이였다. 하지만 청소하는 모습을 보니 나쁜 아이 같지는 않았다. 아무 말도 하지 않고 묵묵히 청소만 했다. 병태가 좀 쉬엄쉬엄 해도 뭐라 하지 않고 청소만 했다. 그때였다. 갑자기 교실 문이 열리더니 반 아이들이 우르르 몰려왔다.

"야, 엄석대! 너 저기 화장실 가서 청소 좀 해라."

작은 아이가 말했다. 석대는 잠시 빗질을 멈추고 그 아이를 쳐다보았다. 그 아이는 주먹을 쥐고는 석대를 향해 마치 한 대 치겠다는 듯 휘둘렀다.

"뭔 소리야? 우리 청소도 아직 안 끝났는데! 그리고 누가 누굴 시켜?"

병태는 그 상황이 어이가 없어서 자기도 모르게 소리를 질렀다. 그러자 석대의 표정이 굳어지면서 얼굴빛이 점점 창백해졌다. 순간 병태는 석대가 이 반의 '왕따'라는 것을 느꼈다. 서울에서 온 전학생 병태는 과연 왕따 석대를 구할까?

137

감동을 그림으로 그려 볼까?
독후화 그리기

독서포트폴리오 | 25

책이름		소나기	
지은이	황순원	출판사	맑은 소리
분류	한국현대소설	읽은날	11월 13일

제목 · **소년과 소녀의 슬픈 사랑**

이 책 좀 볼래?
책 추천하기

독서포트폴리오 | 26

책이름	문제아		
지은이	박기범	출판사	창작과비평사
분류	국내창작	읽은날	12월 7일

제목 우리가 모르는 우리 사회의 이야기

● 책 소개

이 책에는 모두 10편의 동화가 실려 있다. 〈문제아〉, 〈전학〉, 〈아빠와 큰 아빠〉, 〈송아지의 꿈〉, 〈독후감 숙제〉 등이다. 그 내용을 보면 모두 조금 어둡다. 어린이들에게 꿈을 심어 주고 즐거움을 주는 내용들이 아니라 우리 사회의 어두운 면이 담겨 있기 때문이다. 주인공들이 대부분 가난하고, 또 학교에서도 공부를 그렇게 잘하지는 않는다. 아버지 중에는 손가락이 잘린 아버지도 있다. 또 어떤 이야기에서는 어머니 혼자서 아이를 키우는데, 그 아이가 독후감을 쓸 책도 없어서 힘들어 하는 내용이 나온다. 어린이들이 잘 모르는 우리 사회의 숨겨진 다른 모습들이 담겨 있다.

● 추천 이유

보통 어린이들이 어둡고 심각한 이야기들에는 관심이 없다. 나만 해도 재미있고 즐겁고 꿈과 희망을 주는 이야기가 좋다. 아니면 아예 무서운 이야기이거나. 그런데 이 책은 우리가 별로 알고 싶어 하지도 않고 보고 싶어 하지도 않는 이야기들이 실려 있다. 그래서 나는 이 책을 우리들이 더 많이 읽고 이야기도 함께 나누어 보아야 한다고 생각한다. 우리는 이 사회 속에서 여러 사람들과 더불어 살아야 한다. 그렇기 때문에 어떤 사람들이 함께 살고 있는지 다 알아야 한다. 그래야 서로의 처지와 마음을 이해할 수 있기 때문이다. 그런 뜻에서라도 이 책을 꼭 읽었으면 좋겠다.

내 친구 같은 친근한 캐릭터~
캐릭터 만들기

독서포트폴리오 | 27

책이름	라스무스와 방랑자		
지은이	아스트리드 린드그렌	출판사	시공주니어
분류	외국창작	읽은날	2월 13일

제목   방랑자 라스무스와 오스칼로

이름 : 라스무스
- 나이 : 아홉 살
- 생김새 : 머리털이 매우 뻣뻣함. 얼굴에 주근깨가 있고 좀 말랐음. 그리 잘생긴 편은 아니지만 친근감 있게 생겼음.
- 특기 : 장난치기, 고아원 몰래 빠져나오기, 방랑하기
- 성격 : 마음씨가 착하고 부모를 그리워함. 자신에 대해 외모적으로 열등감이 있으나 대체로 밝고 긍정적인 편임.

이름 : 오스칼로
- 나이 : 알 수 없음. 38세 정도로 보임.
- 생김새 : 조금 말랐고 키가 큰 편임. 모자를 쓰고 다니고 순한 인상. 그런데 옷이 볼품없고 꼭 거지 같음.
- 특기 : 남의 집 일 해 주기, 노래 불러 주기, 방랑하기
- 성격 : 자유를 추구하고 욕심이 별로 없음. 늘 즐거운 마음을 가지고 있고 자연을 사랑함. 마음이 착하고 동정심이 있고 남을 잘 배려하고 위하는 편임.

내가 만약 주인공이 된다면?
주인공 되어 보기

독서포트폴리오 | 28

책이름	허클베리 핀의 모험		
지은이	마크 트웨인	출판사	지경사
분류	세계명작	읽은날	3월 16일

제목 내가 만약 허크가 된다면

　허크는 내가 좋아하는 책 속 주인공이다. 아버지에게 엄청 맞는 것 빼고는 자유롭게 살면서 모험도 하는 허크가 조금 부럽기도 하다.

　내가 만약 허크가 된다면 먼저 톰과 함께 도둑을 잡아 얻은 돈으로 멋지고 튼튼한 집을 살 것이다. 그리고 그 집에 경비병을 10명을 두어 절대 아버지는 못 오게 할 것이다. 아버지가 오면 또 술을 먹고 때리고 욕을 할 것이기 때문이다. 왓슨 부인 집에는 가지 않고, 물론 학교에도 가지 않을 것이다. 아니, 학교는 오전에만 가고 오후에는 톰과 함께 숲에 가서 물고기도 잡고 또 다른 모험도 계획하면서 보낼 것이다.

　또 허크처럼 뗏목을 타고 환상적인 여행을 떠날 것이다. 그런데 허크는 그 여행을 흑인 노예 짐과 떠났다. 그래서 위험도 많았고 중간에 사기꾼도 만나 고생도 많이 했다.

　나라면 처음부터 톰을 데리고 갔을 것이다. 톰은 용기도 있고 꾀도 많은 친구이다. 그리고 위험스러운 일을 만나도 뒤로 물러서지 않고 돌진해 나간다. 만약 톰과 함께 모험을 떠났다면 더 신나는 일이 많았을 것이다. 그리고 짐이 더 빨리 노예에서 해방되었을지도 모른다.

　톰과 짐과 함께 모험을 떠나서 하고 싶은 일이 있다. 바로 짐과 같은 흑인 노예를 더 많이 구하는 것이다. 그때 미국은 노예 해방이 되었는데도 어떤 주에서는 여전히 노예를 두고 있었다. 그런 노예를 몰래 데리고 와서 자유로운 주에 보내 주고 싶다. 그럼 모험이 정말 보람 될 것이다.

책 읽고 흥얼흥얼~
노래 가사 짓기

독서포트폴리오 | 29

책이름	꽃들에게희망을		
지은이	트리나 폴러스	출판사	시공주니어
분류	세계명작	읽은날	4월 12일

제목 나비가 되면 될 텐데

나뭇잎만 갉아 먹던 어느 날
줄무늬 애벌레는 생각했어요.
이렇게 먹는 것이 다는 아니야.
도대체 무엇을 위해 먹는가.

저기 보니 애벌레들 기둥 오르네.
줄무늬도 그 기둥을 올라 볼까.
하지만 친구들을 밟아야 하네.
어떡할까 줄무늬는 고민을 하네.

하지만 꼭대기에 무엇 있을까.
궁금한 줄무늬는 결국 오르네.
나비가 된다면 그냥 날 텐데.
줄무늬 애벌레는 그걸 모르네.

(* '노을'의 멜로디에 맞춰 불러 본다.)

142

언제 어디서 무슨 일이?
기사 쓰기

독서포트폴리오 | 30

책이름	아이들의 못말리는 서커스		
지은이	맥나우튼	출판사	을파소
분류	경제동화	읽은날	5월 12일

제목 완전 매진! 못말리는 6인방의 기상천외 서커스!

　단짝 친구로 구성된 6인방 서커스단이 온 마을 사람들의 뜨거운 관심 속에 성공적으로 서커스 공연을 마쳤다. 이들은 그 동안의 고생이 떠올랐는지 감격의 눈물을 흘리며 관객들의 박수에 큰 절을 올렸다.

　6인방이 처음부터 서커스를 하려고 했던 것은 아니다. 이들은 서커스를 좋아하는 어린이들로 광장에 서커스를 보러 갔다가 더 이상 하지 않는다는 푯말을 보고는 자신들이 직접 서커스단을 만들어 공연을 해본다는 계획을 세웠다고 한다.

　그런데 서커스를 준비하는 과정은 결코 쉽지 않았다. 가장 먼저 어떤 공연을 하는지 결정하는 데 시간이 걸렸다. 6인방은 멋지고 근사한 묘기를 부리겠다는 욕심을 버리고 각자 잘할 수 있는 것을 하기로 했다. 그 다음 닥친 문제는 비용 문제였다. 진행을 한 맥은 "우리는 어린이들이라 당연히 돈이 별로 없었어요. 용돈을 모아 봤지만 턱없이 부족했죠."라고 당시 어려웠던 상황을 떠올렸다. 하지만 6인방은 어른들에게 손을 벌리지 않고 입장권을 팔고, 벼룩시장을 열어 돈을 모으기도 하고, 또 스폰서를 구해 장비를 해결하는 프로다운 모습도 보여 주었다.

　멋진 자전거 묘기를 보여 준 마우스는 "서커스를 하면서 많은 것을 배웠어요. 혼자 하는 것보다 여럿이서 힘을 합하면 더 잘할 수 있다는 것과 어려움이 닥쳐도 포기하지 말고 지혜를 모으고 노력하면 하늘도 돕는다는 것을요."라고 당찬 소감을 밝혔다.

전 국민이 함께하는 캠페인
포스터 그리기

독서포트폴리오 | 31

책이름	우동 한 그릇		
지은이	구리 료헤이	출판사	청조사
분류	인성 동화	읽은날	6월 22일

제목 세상을 환하게 하는 정!

타의 모범이 되므로 칭찬합니다!
상장 만들기

독서포트폴리오 | 32

책이름	아주 특별한 우리 형		
지은이	고정욱	출판사	대교출판
분류	읽은날	읽은날	7월 18일

제목 도전 정신을 칭찬함

표창장

이름 : 종민이 형 종식

위 사람은 몸이 불편함에도 불구하고 좌절하지 않고 새로운 분야에 도전하고 꾸준히 노력한 끝에 '자유키 프로그램'을 개발하여 장애인들이 좀 더 편리하고 활동적인 생활을 하는 데 큰 도움을 주는 등 타의 모범이 되므로 이를 칭찬하여 상을 줌.

2011년 7월 18일

전국장애인협회장 강준수

슬픈 결말은 싫어!
결말 바꿔 쓰기

독서포트폴리오 | 33

책이름	비밀의 숲 테라비시아		
지은이	캐더린 패터슨	출판사	대교출판
분류	외국창작	읽은날	8월 23일

제목 레슬리, 기다려!

며칠째 쏟아진 폭우 때문에 비밀의 숲, 테라비시아로 가는 골짜기에 물이 가득 차 버렸다. 제시는 아무래도 그 골짜기를 넘을 용기가 나지 않았다. 하지만 언제나 용감한 레슬리에게 그 말을 할 자신이 없었다. 그런데 마침 에드먼즈 선생님이 박물관에 같이 가자고 연락이 왔다. 제시는 레슬리에게 조금 미안하기는 했지만 선생님과 함께 박물관에 가기로 했다. 그런데 마을을 벗어날 즈음이 되자 레슬리가 마음에 걸리기 시작했다. 혹시 나를 기다리는 것은 아닐까? 내가 가지 않으면 나를 겁쟁이라고 놀리진 않을까? 하지만 이런 저런 생각을 하던 사이에 이미 마을을 벗어났기 때문에 되돌아갈 수도 없었다. 제시는 그냥 박물관 구경을 하기로 했다.

신나게 박물관 구경을 마친 제시는 집으로 곧장 가지 않고 혹시나 하는 마음에 테라비시아로 가 보았다. 예상대로 물이 차올라 골짜기를 건너는 것이 어려워 보였다. 막 발길을 돌리려고 하는데, 숲 속에서 "도와줘요!"하는 소리가 들렸다. 분명 레슬리였다. 제시는 얼른 주위를 둘러보았다. 야생 능금나무에 밧줄이 그대로 매달려 있었다. 제시는 용기를 내어 밧줄을 잡고 힘차게 내달렸다. 몇 번을 시도한 끝에 마침내 건너편에 도착했다. "레슬리, 나야! 내가 왔어!" 제시는 레슬리를 부르며 테라비시아로 들어갔다. 거기에는 레슬리가 발목을 삔 채 주저앉아 있었다. "아, 제시. 네가 올 줄 알았어." 레슬리는 제시를 보며 힘없이 웃었다. 제시는 너무나 미안했다. 제시는 레슬리를 부축하여 다시 밧줄을 쥐었다. 둘은 무사히 골짜기를 건너 집으로 돌아갔다.

도서리스트

교과 관련 도서

🌏 국어

〈전쟁은 왜 일어날까?〉 (질 페로/ 다섯수레)
〈만화와 함께 읽는 정약용의 편지〉 (정한샘/ 푸른나무)
〈너도 하늘말나리야〉 (이금이/ 푸른책들)
〈자전거 도둑〉 (박완서/ 다림)
〈장발장〉 (빅토르 위고/ 삼성출판사)
〈로빈슨 크루소〉 (다니엘 디포/ 대교출판)
〈마사코의 질문〉 (손연자/ 푸른책들)
〈우리들의 일그러진 영웅〉 (이문열/ 다림)
〈소나기〉 (황순원/ 맑은소리)
〈주먹만한 내 똥〉 (한국글쓰기연구회/ 보리)
〈이오덕 글 이야기〉 (이오덕/ 산하)
〈논술의 달인〉 (강승임/ 흰돌)
〈국어실력이 밥먹여준다〉 시리즈 (김경원/ 유토피아)
〈보리국어사전〉 (토박이사전편찬실/ 보리)
〈세종대왕〉 (조정래/ 문학동네)
〈주시경의 국어노트〉 (고덕규/ 녹색지팡이)
〈외솔 최현배의 한글사랑 이야기〉 (박남일/ 시사출판)

🍊 수학

〈수학이 수군수군〉 (샤르탄 포스키트/ 김영사)
〈수학귀신〉 (H. M. 엔/ 비룡소)
〈판타지 수학대전〉 시리즈 (그림나무/ 주니어랜덤)
〈수학을 놀이처럼 즐겨라 페르마〉 (박윤경/ 살림어린이)
〈수학의 열정을 닮아라 가우스〉 (신현배/ 살림어린이)
〈수학의 힘으로 세상을 만나라 오일러〉 (전다연/ 살림어린이)
〈이야기 수학〉 (한경희/ 다림)
〈세상 밖으로 날아간 수학〉 (이시하라 기요/ 파란자전거)
〈어린이를 위한 수학의 역사〉 시리즈 (후지와라 야스지로/ 살림어린이)
〈마법의 수학나라〉 (크리스티 매간지니/ 맑은소리)
〈교과서 밖 기묘한 수학 이야기〉 (에릭 뉴트/ 주니어김영사)
〈꼬물꼬물 수학 이야기〉 (안소정/ 뜨인돌출판사)

🍊 영어

〈스토리북〉 시리즈 (편집부/ 능률영어사)
〈Scott Foresman Reading Street〉 시리즈 (편집부/ Scottforesman)
〈Big Fat Cat〉 시리즈 (무코야마 아츠코/ 월북)
〈Gram Gram 영문법 원정대〉 시리즈 (장영준/ 사회평론)
〈Bible Reading 영어로 성경 읽기〉 시리즈 (주선이/ 길벗스쿨)
〈영어 동화 100편〉 시리즈 (김은아/ 애플비)
〈National Geography Kids〉 : 미국 어린이 과학잡지
〈Time for Kids〉 : 미국 어린이 종합잡지
〈Teen Times〉 : 국내 어린이/청소년 영어신문

🍊 사회

〈동에 번쩍 서에 번쩍 우리나라 지리 이야기〉 (조지욱/ 사계절)

〈한입에 꿀꺽 맛있는 세계 지리〉 (류현아/ 토토북)

〈재미있는 한국지리 이야기〉 (이광희/ 가나출판사)

〈우리문화 100〉 (전지은/ 예림당)

〈고고학 탐험대 세계 문화유산을 찾아라〉 (김경희/ 조선북스)

〈김나미 아줌마가 들려주는 세계종교 이야기〉 (김나미/ 토토북)

〈어린이 시사마당 1. 정치〉 (우리누리/ 주니어랜덤)

〈반장 선거 해보면 정치·법이 쉽다〉 (김미숙/ 애플비)

〈반장 선거〉 (보리스 르 루아/ 큰북작은북)

〈한국사 편지 1~5〉 (박은봉/ 책과함께어린이)

〈얘들아, 역사로 가자〉 (조호상/ 풀빛)

〈아틀라스 세계사〉 (지오프리 파커/ 사계절)

〈가로세로 세계사 1~3〉 (이원복/ 김영사)

〈어린이 경제 이야기〉 (박원배/ 계림)

〈어린이 경제원론〉 (김시래/ 명진출판사)

〈아이들의 못말리는 서커스〉 (맥나우튼/ 을파소)

🍊 과학

〈역사를 바꾼 톡톡 과학 이야기〉 (하늘매발톱/ 민서각)

〈과학은 공식이 아니라 이야기란다〉 (김성화/ 휴먼어린이)

〈선생님도 놀란 초등과학 뒤집기〉 시리즈 (편집부/ 성우주니어)

〈WHY?〉 시리즈 (조영선 외/ 예림당)

〈열려라! 거미나라〉 (임문순 외/ 지성사)

〈갈릴레이의 물리노트〉 (김기정/ 녹색지팡이)

〈뉴턴 프린키피아〉 (송은영/ 주니어랜덤)

〈찰스 다윈〉 (생물의 진화를 관찰한 찰스 다윈/ 루이스 쿠고타/ 주니어김영사)

〈퀴리부인〉 (김영자/ 삼성당)

〈하늘의 법칙을 찾아낸 조선의 과학자들〉 (고진숙/ 한겨레아이들)
〈교양 있는 우리 아이를 위한 과학사 이야기 1~5〉 (조이 해킴/ 꼬마이실)
〈바다는 왜?〉 (장순근/ 지성사)
〈열려라! 곤충나라〉 (김정환/ 지성사)
〈신비한 우주 이야기 30〉 (장수하늘소/ 두산동아)

위인전 · 인물전

〈어린이 백범일지〉 (장세현/ 푸른나무)
〈안창호〉 (오경문/ 주니어랜덤)
〈어린이 백악관을 기도실로 만든 대통령 링컨〉 (전광/ 생명의말씀사)
〈세상을 뒤흔든 여성들〉 (미셸 롬/ 푸른나무)
〈바보처럼 공부하고 천재처럼 꿈 꿔라〉 (신웅진/ 명진출판사)
〈반기문 총장님처럼 되고 싶어요!〉 (김경우/ 명진출판사)
〈넬슨 만델라〉 (앤 크레이머/ 어린이작가정신)
〈마오쩌둥〉 (앤 포크너/ 어린이작가정신)
〈모든 책을 읽어 버린 소년, 벤저민 프랭클린〉 (루스 애슈비/ 미래아이)
〈세계의 대통령〉 (우리누리/ 대교출판)
〈페스탈로치〉 (신혜은/ 씽크하우스)
〈미래를 지배한 빌 게이츠〉 (김이진/ 자음과모음)
〈스티브 잡스 아저씨의 세상을 바꾼 도전〉 (최은영/ 주니어김영사)
〈어린이 록펠러〉 (주경희/ 하늘기획)
〈희망을 나누어 주는 은행가 유누스〉 (박선민/ 리젬)
〈유일한 이야기〉 (조영권/ 웅진주니어)
〈이태영 : 우리나라 최초의 여성 변호사〉 (박정희/ 아이세움)
〈조영래 : 인권 변호사〉 (박상률/ 사계절)

〈성자가 된 옥탑방 의사 : 바보 의사 장기려〉 (강이경/ 우리교육)

〈세계의 보건 대통령 이종욱〉 (박현숙/ 샘터사)

〈윤동주 : 바람과 별을 노래한 민족 시인〉 (이상배/ 주니어랜덤)

〈이육사〉 (김명수/ 창작과비평사)

〈신동엽 : 민족 시인 신동엽〉 (편집부/ 사계절)

〈상상력과 희망으로 꿈을 이뤄라 조앤 롤링〉 (김유리/ 살림어린이)

〈완벽을 꿈꾼 젊은 예술가 미켈란젤로〉 (필립 윌킨스/ 초록아이)

〈천재화가 이중섭과 아이들〉 (예림당)

〈국민화가 박수근에게 배우는 창조적 열정〉 (고정욱/ 뜨인돌어린이)

〈백남준, 창조를 꿈꾸는 호랑이〉 (나정아/ 씽크하우스)

〈안토니 가우디〉 (이여신/ 동아일보사)

〈김수근 : 자연과 사람의 만남을 꿈꾼 건축가〉 (홍당무/ 파란자전거)

〈큰 소리꾼 박동진 이야기〉 (송언/ 우리교육)

〈김순남 : 민족 음악가〉 (김별아/ 사계절)

〈윤이상 끝없는 음악의 길〉 (박선욱/ 산하)

〈세계를 무대로 내 꿈을 연주하고 싶어요〉 (김창/ 파란자전거)

〈알베르 아인슈타인〉 (브리지트 라베/ 다섯수레)

〈전염병을 물리친 과학자 빠스뙤르〉 (서홍관/ 창작과비평사)

〈WHO 스티븐 호킹〉 (이수정/ 다산어린이)

〈꽃씨 할아버지 우장춘〉 (정종목/ 창작과비평사)

〈석주명〉 (박상률/ 사계절)

〈새 박사 원병오 이야기〉 (원병오/ 우리교육)

〈루이 브라이〉 (마가렛 데이비슨/ 다산기획)

〈장영실〉 (고정욱/ 산하)

〈한용운 : 나라 잃은 겨레의 영원한 스승〉 (우봉규/ 랜덤하우스코리아)

〈간디 : 폭력을 감싸안은 비폭력〉 (카트린 하네만/ 한겨레아이들)

〈마더 테레사〉 (에마 존슨/ 어린이작가정신)

〈달라이 라마 : 티베트의 영원한 지도자〉 (김병규/ 주니어랜덤)

〈마틴 루터 킹 : 검은 예수의 꿈〉 (카트린 하네만/ 한겨레아이들)

〈문익환 : 통일 할아버지〉 (김남일/ 사계절)

〈오체 불만족〉 (오토다케 히로타다/ 창해)

〈못생긴 열매가 더 맛있단다 – 원경선 이야기〉 (송재찬/ 우리교육)

〈전태일, 청년노동자〉 (위기철/ 사계절)

〈장준하: 잠자는 시대를 깨운 지식〉 (김형덕/ 씽크하우스)

〈이사도라 덩컨 : 현대 무용의 어머니〉 (이여신/ 동아일보사)

〈축구 황제 펠레〉 (김경우/ 청개구리)

〈WHO 스티븐 스필버그〉 (이수정/ 다산어린이)

〈월트 디즈니〉 (휘트니 스튜어트/ 을파소)

〈코코 샤넬〉 (부리지트 라베/ 다섯수레)

〈불가능을 넘어선 탐험가 난센〉 (민병산/ 창작과비평사)

〈아문센과 스콧〉 (피에르 마르크/ 비룡소)

관심 분야를 키워 주는 도서

〈숨 쉬는 도시 꾸리찌바〉 (안순혜/ 파란자전거)

〈초등학생이 꼭 알아야 할 집과 건축 이야기 33가지〉 (박유상/ 을파소)

〈건축물에 얽힌 12가지 살아 있는 역사 이야기〉 (김선희/ 어린이작가정신)

〈지도 밖으로 행군하라〉 (한비야/ 푸른숲)

〈야구 교과서〉 (잭 햄플/ 보누스)

〈와글와글 월드컵〉 (마이클 콜먼/ 김영사)

〈나는 어디에서 왔을까?〉 (알베르 자카르/ 다섯수레)

〈화성인이 오고 있다〉 (앤드류 돈킨/ 아이세움)

〈우리가 살고 있는 지구 이야기〉 (존 니콜슨/ 창조문화)

〈레디 액션 우리 같이 영화 찍자〉 (김경화/ 창작과비평사)

〈민속학자 석주선의 우리 옷나라〉 (석주선/ 현암사)

〈제인구달: 침팬지와 함께 한 내 인생〉 (제인 구달/ 사이언스북스)

〈파브르 곤충기 1~8〉 (장 앙리 파브르/ 미래사)

〈시튼 동물기 1~5〉 (E. 톰슨 시튼/ 논장)

〈우연한 발견을 위대한 발명으로〉 (최달수/ 김영사)

〈세상을 바꾼 50가지 자동차〉 (디자인 뮤지엄/ 홍디자인)

〈방송이 신통방통〉 (명로진/ 김영사)

〈연극이 희희낙락〉 (명로진/ 김영사)

〈비행기가 비틀비틀〉 (명로진/ 김영사)

교양 도서

세계명작

〈80일간의 세계 일주〉 (쥘 베른/ 시공주니어)

〈15소년 표류기〉 (쥘 베른/ 삼성출판사)

〈걸리버 여행기〉 (조나단 스위프트/ 대교출판)

〈돈키호테〉 (세르반테스/ 비룡소)

〈허클베리 핀〉 (마크 트웨인/ 지경사)

〈동물 회의〉 (에리히 캐스트너/ 시공주니어)

〈사랑의 학교 1~2〉 (E. 데 아미치스/ 창작과비평사)

〈안네의 일기〉 (안네 프랑크/ 예림당)

〈크리스마스 캐럴〉 (찰스 디킨즈/ 시공주니어)

〈고학년 탈무드〉 (마빈 토케이어/ 효리원)

〈지킬 박사와 하이드〉 (로버트 스티븐슨/ 삼성출판사)

〈어린 왕자〉 (생 텍쥐 페리/ 비룡소)

〈사람은 무엇으로 사는가〉 (톨스토이/ 지경사)

〈홍당무〉 (쥘 르나르/ 삼성출판사)

〈오즈의 마법사〉 시리즈 (L. 프랭크 바움/ 문학세계사)

〈이상한 나라의 앨리스〉 (루이스 캐럴/ 시공사)

〈톰 아저씨의 오두막집〉 (해리엇 비처 스토/ 지경사)

〈동물농장〉 (조지 오웰/ 웅진씽크빅)

〈올리버 트위스트〉 (찰스 디킨스/ 푸른숲)

〈세계단편모음〉 (모파상 외/ 삼청출판사)

〈노인과 바다〉 (어니스트 허밍웨이/ 문예출판사)

〈꽃들에게 희망을〉 (프리나 폴러스/ 시공주니어)

〈갈매기의 꿈〉 (리처드 바크/ 현문미디어)

🌏 철학

〈만화 논어〉 (서기남/ 주니어김영사)

〈논어와 친구 되기〉 (유현민/ 예문당)

〈노마의 발견 어린이 동양철학 1. 공자 가라사대〉 (어린이철학교육연구소/ 해냄주니어)

〈만화 플라톤 국가〉 (손영운/ 주니어김영사)

〈소크라테스와 꼬마 플라톤의 이야기 철학〉 (에밀리아노 디 마르코/ 조선북스)

〈플라톤이 들려주는 이데아 이야기〉 (서정욱/ 자음과모음)

〈철학자가 들려주는 철학 이야기〉 시리즈 (편집부/ 자음과모음)

〈반갑다 논리야〉 (위기철/ 사계절)

〈논리야 놀자〉 (위기철/ 사계절)

〈논리야 철학과 놀자〉 (초등논술아카데미/ 중앙북스)

〈얼룩소도 철학자가 될 수 있을까〉 (페테르 엑베리/ 주니어김영사)

〈그런데 철학이 뭐예요〉 (한기호/ 천둥거인)

〈소피의 세계1~3〉 (요슈타인 가아더/ 현암사)

역사

〈사진과 그림으로 보는 삼국사기〉 (김부식/ 바른사)

〈한권으로 풀어쓴 이야기 조선왕조 오백년사〉 (우리미래역사체험학습/ 청솔)

〈WHY 한국사 : 상도와 경제〉 (이근/ 예림당)

〈우리 옛 그림의 수수께끼〉 (최석조/ 아트북스)

〈하루에 돌아보는 우리 궁궐〉 (손용해/ 주니어김영사)

〈한국 과학사 이야기〉 (신동원/ 책과함께어린이)

〈세상에서 가장 재미있는 세계사 1~3〉 (래리 고닉/ 궁리)

〈이야기 플루타크 영웅전〉 (송명호/ 청솔)

〈한권으로 풀어쓴 이야기 미국사〉 (우리미래역사체험학습/ 청솔)

〈한권으로 풀어쓴 이야기 중국사〉 (편집부/ 청솔)

〈한권으로 읽는 인도사〉 (김진섭/ 지경사)

〈어린이 이슬람 바로 알기〉 (이희수/ 청솔)

〈앙코르 사람들은 어떻게 살았을까?〉 (로버트 J. 케시/ 청솔)

기타 추천 도서

〈얼굴 빨개지는 아이〉 (장 자크 상뻬/ 열린책들)

〈마당을 나온 암탉〉 (황선미/ 사계절)

〈나의 라임오렌지 나무〉 (M. 바스콘셀로스/ 동녘)

〈야, 그림 속으로 들어가 보자〉 (김서정/ 다림)

〈옛날 사람들은 어떻게 살았을까?〉 (조은수/ 창작과비평사)

〈트리갭의 샘물〉 (나탈리 배비트/ 대교출판)

〈사씨남정기〉 (김만중/ 청솔)

〈연금술사〉(파울로 코엘료)

〈순돌이 이야기〉(송재찬/ 우리교육)

〈꼬마 토끼 조지의 언덕〉 (로버트 로손/ 비룡소)

〈꿈 꾸는 요요〉 (홍윤희/ 대교출판)

〈아버지의 눈물〉 (박신식/ 푸른나무)

〈모네의 정원에서〉 (크리스티나 비외르크/ 미래사)

〈난 두렵지 않아요〉 (프란체스코 다다모/ 중앙M&B)

〈문제아〉 (박기범/ 창작과비평사)

〈라스무스와 방랑자〉 (이스트리드 린드그렌/ 시공주니어)

〈행복 지킴이 키퍼〉 (로이스 로리/ 다산기획)

〈달려라 루디〉 (우베 팀/ 창작과비평사)

〈샬롯의 거미줄〉 (E. B. 화이트/ 시공주니어)

〈잘 가라 내 동생〉 (빌리 슈에즈만/ 크레용하우스)

〈마녀를 잡아라〉 (로알드 달/ 시공주니어)

〈아주 특별한 우리 형〉 (고정욱/ 대교출판)

〈비밀의 숲 테라비시아〉 (캐더린 패터슨/ 대교출판)

〈사자와 마녀와 옷장〉 (C. S. 루이스 / 시공주니어)

〈우동 한 그릇〉 (구리 료헤이/ 청조사)

〈이야기 삼국유사〉 (일연/ 네버엔딩스토리)

〈존 아저씨의 꿈의 목록〉 (존 고다드/ 글담)

〈거짓말 학교〉 (전성희/ 문학동네)

〈책만 보는 바보〉 (안소영/ 보림출판사)

〈윔피 키드〉 (제프 키니/ 푸른날개)

〈해리포터〉 시리즈 (조앤 롤링/ 문학수첩)